국제거래와 환율 쫌 아는 10대

사회 쫌 아는 십대 03

국제거래와 환율 쫌 아는 10대

하나 된 세계 시장 속 우리

초판 1쇄 발행 2019년 7월 10일
초판 5쇄 발행 2021년 10월 15일

지은이 석혜원
그린이 신병근
함께 그린이 이혜원 · 선주리

펴낸이 홍석
이사 홍성우
인문편집팀장 박월
편집 박주혜
디자인 신병근
마케팅 이송희 · 한유리
관리 최우리 · 김정선 · 정원경 · 홍보람 · 조영행

펴낸곳 도서출판 풀빛 등록 1979년 3월 6일 제2021-000055호
주소 07547 서울특별시 강서구 양천로 583 우림블루나인 A동 21층 2110호
전화 02-363-5995(영업), 02-364-0844(편집) 팩스 070-4275-0445
홈페이지 www.pulbit.co.kr 전자우편 inmun@pulbit.co.kr

ISBN 979-11-6172-742-4 44320
ISBN 979-11-6172-731-8 44080(세트)

이 도서의 국립중앙도서관 출판예정도서목록(CIP)은 서지정보유통지원시스템 홈페이지(seoji.nl.go.kr)와 국가자료종합목록 구축시스템(http://kolis-net.nl.go.kr)에서 이용하실 수 있습니다.
(CIP제어번호 : CIP2019022307)

사회 좀 아는 십대 03
국제거래와 환율 좀 아는 10대
하나 된 세계 시장 속 우리
석혜원 글 | 신병근 그림
풀빛

배낭을 메고

여행의 시작은 언제부터일까? 여행지에 도착해서? 아니면 집을 나서면서부터? 언제 어디로 떠난다는 정도만 알아도 되는 패키지여행과 달리 배낭여행은 모든 걸 스스로 준비해야 해. 여행지에 대한 정보를 모아 여행 경로를 정하고, 교통편과 숙박 장소를 정해야 하는 건 물론이고, 언제 무엇을 보고 무엇을 먹을지 하루의 일정까지 모두 정해야지. 게다가 계획에 맞추어 예산도 짜고 필요한 만큼 외화도 환전해야 해. 듣기만 해도 머리가 터질 것 같다고? 그런데 말이야. 배낭여행을 좋아하는 사람들은 아주 신이 나서 이런 계획을 세워. 그래서 배낭여행의 시작은 여행을 준비하는 순간부터라고 하지.

모든 준비를 스스로 해야 하는 부담에도 불구하고 배낭여행을 하는 이유 중 하나는 내 취향에 맞는 곳을 찾아가 보고 배우고 느끼는 즐거움을 만끽할 수 있어서야. 나는 배낭여행을 하면서 경제 역사와 관련한 유적이나 유물이 있는 곳을 즐겨 찾고 있어. 그리고 국제경쟁력을 지닌 산업 현장에서 우리가 배울 점이 무언지 찾아보고, 재래시장에 가거나 대중교통 수단을 이용하면서 사람들의 일상을 엿보는 걸 좋아해. 물론 그 나라에 가면 거기는 꼭 가야 한다고 하는 유명 관광지도 놓치지 않으려고 하고. 그래서 분위기 좋은 카페나 경치 좋은 곳에서 여유를 부리는 시간은 거의 갖질 못해. 여행 일정은 늘릴 수 없고, 하루는 24시간이니 여행지에서 무언가를 선택할 때 따져 보는 기회비용은 돈이 아니라 포기해야 하는 다른 볼거리와 하고 싶은 일이 되는 거지.

한국 경제의 문제점을 이야기할 때 무역의존도가 높다는 점을 꼽아. 무역의존도는 한 나라의 경제에 무역이 차지하는 정도를 나타내는 지표야. 무역의존도가 높으면 세계 경제 환경의 변화에 따라 나라 경제가 타격을 받을 확률이 높아진다는 문제가 발생해. 그런데 유럽에는 한국처럼 무역의존도가 높지만 경제 기반이 탄탄하다는 평가를 받는 나라들이 있어. 난 이런 나라들을 여행하면서 왜 그런 평가를 받는지 알아보고 싶었어. 그래서 이번 휴가에 7박 9일 일정으로 네덜란드, 벨기에, 독일을 여행하기로 계획했어. 세계은행(World Bank, 2차 세계대전 후에 경제를 부흥하고 개발도상국을 지원하기 위하여 설립한 국제 은행)의 발표(2020년 기준)에 따르면 이 세

나라 모두 무역의존도가 한국보다 높아.

그런데 사촌동생 현우와 쇼미도 가고 싶다고 아우성이지 뭐야. 나의 여행 취향을 말해 주었는데도 막무가내로 고집을 부려서 함께 떠나기로 했어. 여행을 하면서 틈틈이 동생들에게 국제거래와 환율에 대한 이야기를 해 줄 생각이야.《시장과 가격 쫌 아는 10대》에서 배낭여행을 하며 물가가 싼 나라에서 잘 먹고, 잘 쉬고, 쇼핑을 잘하면 정말 기분이 좋다고 하니까 '같은 물건인데 왜 나라마다 가격이 다른지' 질문했지? 그때 우선 어느 나라에서든지 적용이 되는 가격이 어떻게 결정되고 왜 변동되는지만 알려 주었잖아. 이제 국제거래와 환율에 대해 알게 되면 '같은 물건인데 왜 나라마다 가격이 다른지' 스스로 답을 찾을 수 있을 거야.

전에도 말했지만 지식은 아는 것에서 그치면 안 되고, 우리 생활에 끼치는 영향이나 그 결과와 연결할 수 있어야 의미가 있어. 그래서 국제거래와 환율에 영향을 주었던 세계 경제 환경의 변화를 알아보고, 앞으로의 변화에 우리가 어떻게 대비해야 할지 생각을 나누어 보려고 해.

너도 함께 여행하고 싶다고? 아유, 다음에는 함께 여행하고 싶은 사람들과 단체여행을 떠나야겠는걸. 이번에는 셋이 떠날 준비만 했으니 서운하더라도 참아. 여행은 함께하지 못하지만 너도 국제거래와 환율에 대해서는 알고 싶으니 나중에라도 이야기해 달라고? 걱정 마. 우리 이야기를 생중계로 들려줄게.

차례

우리의 여정
암스테르담
네덜란드
브루게
브뤼셀
벨기에

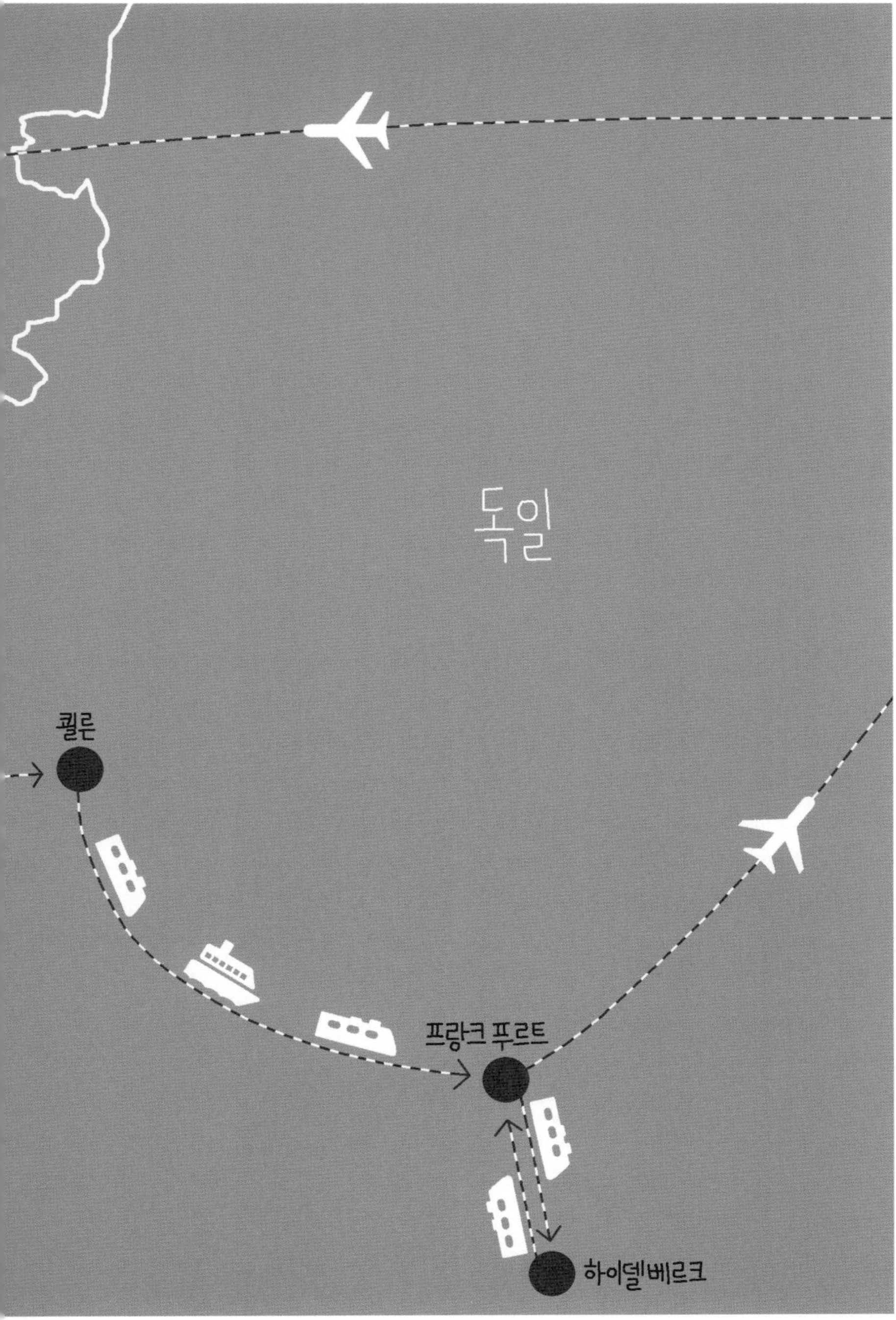

독일

쾰른

프랑크 푸르트

하이델베르크

1

여행지에서 쓸 돈을 준비하자

나라마다 쓰는 돈이 다르다고?

현우 누나, 우리 왔어.

신기 어서 와. 벌써 여행이 코앞이네. 빠뜨린 건 없는지 체크도 할 겸 불렀어. 오늘은 예비 소집 겸 작전 회의! 며칠간 꼼꼼하게 준비해 보자.

쇼미 나 유럽 여행 처음이라 어제도 여행 꿈 꿨잖아.

현우 나도 나도. 유럽 여행 후기 블로그 보면서 맛집도 찾아봤어.

신기 난 여행 계획 짜고 예약하느라 정신이 하나도 없었는데, 너희는 아주 신났구나. 대신 여행지에서 짐꾼 역할은 확실히 해!

현우 걱정 말라고! 근데 우리 어느 나라를 가는 거야?

신기 7박 9일 일정이라 이동 거리가 최대한 짧은 노선을 택했어. 네덜란드 암스테르담, 벨기에 브뤼셀, 독일 쾰른과 프랑크푸르트에서 머물고, 가까운 도시 서너 곳도 둘러볼 거야. 딱 세 나라지. 경제에 대한 내 관심을 우선으로 여행할 나라를 정했지만 돌아볼 장소는 처음 유럽 여행을 하는 너희를 배려해서 골랐으니까 재미있을 거야.

중요한 건 배낭여행이라서 모든 걸 우리가 다 직접 해야 한다는 것. 비행기 티켓과 유레일패스는 이미 샀고, 숙소 예약도 완료. 이제 환전할 일만 남았어.

현우 환전? 돈 바꾸는 거? 나 예전에 미국에서 오셨던 아빠 친구분이 주신 달러 꽤 있는데, 그걸 가져가면 되겠네.

쇼미 야, 달러는 미국에서 쓰는 거고 우리는 유럽을 가는 거라고!

현우 엥? 달러면 다 되는 거 아니야?

신기 현우가 반은 알고 반은 모르는구나. 환전이 돈을 바꾸는 건 맞아. 정확히 달러는 아니지만, 해외에서는 우리나라 원화(₩) 대신 그 나라에서 쓰는 돈이 필요해. 외국 돈 중에서 가장 많이 들어 본 게 미국 돈인 달러($)여서 현우가 '달러'를 바로 생각했을 거야. 하지만 세계 모든 나라의 음식점이나 가게에서 달러를 쓸 수 있는 건 아니니까, 반은 틀린 거지. 우리가 갈 곳은 유럽이니까 유럽에서 쓰는 돈으로 바꾸어야 해.

환전은 자기가 가진 화폐를 주고 필요한 화폐를 사는 일, 즉 서로 다른 종류의 돈을 바꾸는 거래야. 나라마다 사용하는 돈이 대부분 다르니까 해외여행을 하려면 우리 돈을 주고 여행할 나라에서 사용하는 돈을 사야 해.

현우 음, 우리가 가는 곳이 네덜란드, 벨기에, 독일이니까 세 나라의 돈이 필요하겠네?

신기 땡! 아쉽지만 이번에도 반은 맞고 반은 틀렸어. 2002년 전이라면 그렇게 했어야 해. 하지만 지금 세 나라 모두 유로화(€)를 사용하니까 유로화로만 환전하면 돼. EU(유럽연합)라고 들어 봤지? EU는 유럽 12개국(영국, 독일, 프랑스, 이탈리아, 덴마크, 아일랜드, 네덜란드, 벨기에, 룩셈부르크, 그리스, 스페인, 포르투갈)이 1993년 11월 1일 출범시킨 정치·경제 공동체야. 1995년 오스트리아, 스웨덴, 핀란드가 가입하면서 회원국이 15개국으로 늘어났어. 당시 EU 회원국 중 영국, 스웨덴, 덴마크를 제외한 12개 나라는 2002년 1월 1일부터 이전에 사용했던 자기 나라의 화폐 대신 모두 유로화를 사용하기 시작했지.

쇼미 세 나라를 여행하지만 돈은 유로화로만 바꾸면 되니까 한 나라를 여행하는 기분이 드는걸.

2020년 12월 31일 현재 **EU** 회원국은 27개국이고, 유로화를 사용하는 공식 회원국은 19개국이야. EU 회원국은 아니지만 모나코, 안도라, 코소보, 바티칸시국처럼 자기 나라 화폐를 발행하지 않고 유로화를 공식 화폐로 택한 나라도 있어.

신기 EU 회원국이 노린 게 바로 그거야. 유럽이 하나의 시장이 되는 데 가장 효율적인 방안은 같은 통화를 사용하는 거라고 판단했거든.

현우 그런데 환전은 어디서 해?

신기 혹시 거리에서 'MONEY EXCHANGE'란 표식을 본 적 있어? 그건 공식적으로 환전을 해 주는 곳임을 나타내는 표시야. 한국에 온 외국인들은 자신들이 가져온 돈을 원화로 바꿀 때 환전소와 은행을 이용해. 그런데 우리가 해외에서 쓰려고 외국 돈으로 바꾸는 환전은 국내 은행을 통해서 해.

쇼미 은행은 돈을 빌리고 빌려주는 곳 아니야?

신기 은행이 주로 취급하는 업무는 예금과 대출이고, 환전은 주요 업무라고는 할 수 없어. 하지만 알고 보면 은행의 기원은 환전 업무에서 시작됐어. 은행을 뜻하는 bank는 이탈리아어로 긴 의자를 뜻하는 banca에서 나온 말이야.

옛날 유럽에서는 도시마다 서로 다른 주화를 만들었기 때문에 여러 도시에서 다양한 동전이 사용되었어. 그런데 다른 지역과 무역이 활발해지면서 13세기 이탈리아에서 이런 주화들을 바꾸어 주며 수수료를 챙기는 환전상들이 생겨났어. 이들은 탁자 위에 주화를 잔뜩 늘어놓고 의자에 앉아서 돈을 바꾸어 주었는데, 나중에 이자를 받고 돈을 빌려주는 일도 하면서 은행으로 발전했지. 그래서 은행을, 환전상이 영업을

하며 앉았던 긴 의자를 뜻하는 banca라고 부르게 된 거야. 재밌는 건, 환전상이 장사가 잘 안되면 자기가 앉았던 의자를 부수었거든. 더 이상 영업하지 않음을 알리려고 말이야. 파산자, 즉 빈털터리를 뜻하는 bankrupt는 긴 의자 bank와 부수다는 뜻의 rupt가 합쳐진 말이야. 파산을 뜻하는 말 bankruptcy도 bankrupt에서 나왔어.

현우 '은행'의 영어 단어라고만 외웠던 bank에 이런 재밌는 이야기가 숨어 있었다니…, 누나 쫌 있어 보이는데.

신기 뭘 이 정도 가지고…, 내가 쫌 아는 게 많지. 자자, 숙박료랑 유레일패스 비용은 이미 지불했고, 암스테르담 안에서 대중교통과 주요 관광지를 무료로 입장할 수 있는 암스테르담 시티카드도 이미 샀어. 다른 도시는 주로 걸어 다닐 거고 입장료를 낼 일도 많지 않으니까 식사와 간식 비용, 약간의 여유비만 환전하면 돼. 현금을 많이 가지고 다니면 신경이 쓰이니까 환전은 최소한으로 해야지. 한 사람이 쓸 비용

을 하루 50유로로 잡으면 세 명의 예산은 하루 150유로이고, 실제 여행하는 7일간의 예산은 1,050유로지. 그만큼만 환전하자. 갑자기 큰돈을 쓸 일이 생기면 신용카드로 결제하면 돼.

1,050유로는 우리 돈으로 얼마지?

현우 1,050유로는 얼마야? 돈이 다 제각각인 건 알겠는데, 외국 돈 이만큼이 우리 돈으로 얼마인지 어떻게 알 수 있어?

신기 아하, 너희에게 본격적으로 환율에 대해 알려 줄 때가 왔구나. 우리가 가진 돈은 원화이고, 여행을 위해 필요한 돈은 유로화라는 것까지 알았잖아. 다음은 여행에서 쓸 경비를 유로화로 따졌을 때 원화가 얼마나 필요한지를 아는 거야. 그러려면 원화를 유로화로 바꾸는 기준을 알아야지.

과일을 바꾸는 일이 수박을 기준으로 이루어진다고 하자. 수박 하나랑 사과 몇 개를 바꿀까? 수박 하나랑 배 몇 개를 바꿀까? 수박 하나랑 바나나 몇 송이랑 바꿀까? 이런 식이야. 만약 수박 하나랑 사과 8개, 수박 하나랑 배 5개, 수박 하나랑 바나나 3송이를 바꿀 수 있다고 정해졌다면, 수박 : 사과=1 : 8, 수박 : 배=1 : 5, 수박 : 바나나=1 : 3일 거야. 어때, 수박 하나로 바꿀 수 있는 과일 개수의 비율이 서로 다르지?

쇼미 그러네.

신기 이번엔 수박을 달러, 사과를 원, 배를 유로, 바나나를 일본 돈인 엔(¥)이라고 바꿔서 생각해 봐. 1달러에 해당하는 금액이 다른 돈, 즉 다른 화폐로 얼마냐를 비교해 볼 수 있겠지? 수박 하나랑 바꿀 수 있는 과일 개수의 비율이 서로 다르듯이 1달러로 바꿀 수 있는 다른 화폐의 액수도 서로 달라. 그럼 오늘 날짜(2019년 5월 28일)로 그 비율을 알아볼까? 음, 1달러 = 1,184원 = 0.89유로 = 110엔이네.

현우 누나, 왜 수박을 달러로 했어? 우리 원으로 하면 안 돼?

신기 수박이 과일을 바꾸는 기준인 것은 과일의 대표를 수박으로 정했기 때문이야. 아까 너도 환전해야 한다니까 바로 달러를 떠올렸지? 세계 모든 화폐 중에 가장 대표적인 화폐가 달러라서 수박을 달러로 바꿔서 생각해 보자고 한 거야.

화폐 종류가 많다 보니 '원화와 달러화를 바꾸는 비율', '원화와 엔화를 바꾸는 비율', '엔화와 달러화를 바꾸는 비율' 등, 서로 다른 화폐를 바꾸는 비율의 종류는 아주 많아. 이렇게 다양한 종류의 화폐를 서로 바꿀 때 사용하는 비율을 환율이

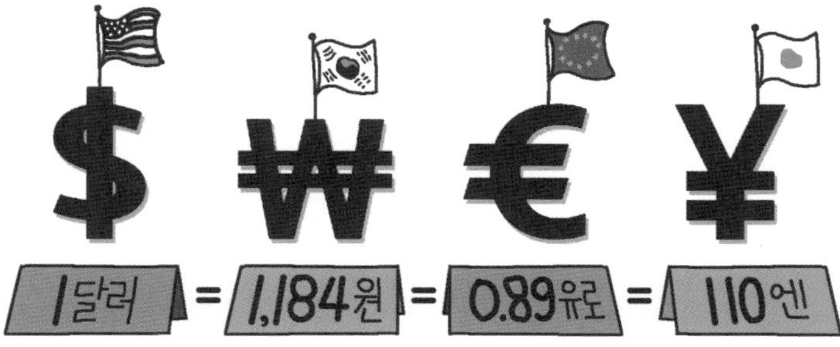

라고 해. 환율이 서로 다른 나라의 화폐를 교환하는 비율이라는 걸 바꾸어 말하면, 사고자 하는 외국 돈의 가치를 지불하는 돈의 가치로 표시한 가격인 셈이지.

그런데 보통 환율이라고 하면 '원화와 달러화의 교환비율'을 뜻해. 예를 들어 환율이 1,184원이라고 하면 미국 돈 1달러를 바꾸는 데 우리 돈 1,184원이 필요하다는 뜻이야. 간단하게 표현하면 1,184원/달러이지.

그런데 우리가 바꾸려는 돈은 유로화잖아. 그럼 1유로는 원화로 얼마일까? 1,184원=0.89유로였으니 1유로는 1,330원이야. 그렇다면 1,050유로는 1,050(유로)×1,330(원)=1,396,500원이네.

쇼미 환율은 내가 필요한 외화를 지금 가지고 있는 내 돈으로 얼마에 살 수 있느냐를 말한다는 거네. 환율이라는 단어가 왠지 어렵게 느껴졌는데 1달러가 1,184원, 1유로가 1,330원이라고 하니까 금방 알겠어. 수박은 8,000원, 사과는 1,000원, 뭐 이런 것과 같잖아.

현우 나도 그래. 그런데 어떨 때는 두 개의 서로 다른 돈을 교환한다고 하고, 어떨 때는 필요한 외화를 내가 가진 돈으로 산다고 하고, 어떤 게 맞는 거야?

신기 와, 우리 현우가 예리한데! 그건 다른 말이 아니라 결국 같은 말이야. 우리는 보통 물건을 '산다'고 하지, 내가 가진 돈과 물건을 교환한다고 하지 않잖아? 하지만 '산다' 혹은 '판다'라는 말은 돈이라는 교환 수단이 정착되고 생긴 표현이고, 원래 시장은 서로가 가진 물건을 필요한 물건과 맞바꾸는 일, 즉 교환을 위해서 생겨났어. 그리고 교환을 쉽게 해 주는 중간 수단으로 '돈'이 생겨나면서 돈을 가지고 필요한 물건을 사게 되었던 거야.

그렇다면 내가 필요한 것이 또 다른 '돈'일 경우는 어떻게 될까? 내가 가진 돈과 필요한 돈을 교환한다는 의미일 수도 있지만, 실질적으로는 내가 가진 돈을 주고 필요한 다른 돈을 마치 물건처럼 산다고 말할 수 있겠지. 그러니까 우리가 1,050유로를 1,396,500원을 주고 바꾸면, 1,050유로를 1,396,500원으로 산 거나 마찬가지야.

돈을 주고 돈을 사다, 대체 어디서?

쇼미 돈을 주고 돈을 산다!? 그렇다면 물건처럼 돈을 사고파는 시장도 있다는 거네?

신기 빙고! 와, 너희가 점점 더 똑똑해지네. 경제에서는 어떤 재화

나 서비스에 대한 수요와 공급을 연결하여 사고파는 거래가 자유로이 이루어지는 모든 장소와 제도를 시장이라고 한다는 걸《시장과 가격 쫌 아는 10대》에서 배웠지? 특별히 돈을 사고파는 시장, 말하자면 서로 다른 나라의 돈을 거래하는 시장을 외환시장이라고 해.

현우 옛날 환전상은 탁자 위에 여러 종류의 돈을 늘어놓고 바꾸어 주었다고 했잖아. 그처럼 외환시장에서는 돈을 쌓아 놓고 거래해?

쇼미 아무렴 그럴까. 채소와 과일을 거래하는 시장은 청과물시장, 수산물을 거래하는 시장은 수산시장이라고 하듯이 외환을 거래하는 시장을 외환시장이라고 할 거야. 그런데 외환은 외국 화폐를 말하는 거야?

신기 아유, 환율을 둘러싼 이야기가 너희에게는 좀 생소한가 보다. 계속 반은 알고 반은 모르는 일이 반복되네. 우리가 사용하는 돈은 지폐와 주화로 나누어져. 천 원권 같은 종이돈이 지폐이고 백 원 같은 동전이 주화야. 이런 지폐와 주화를 합쳐서 화폐(money)라고 해. 외국 화폐는 다른 나라에서 사용하는 지폐와 주화인데, 이를 줄인 말이 '외화'야.

환전을 하러 가면 은행에서는 우리 돈을 받고 환율에 따라 환산한 외화를 줘. 옛날 환전상처럼 탁자 위에 주화를 쌓아 놓고 거래하는 건 아니지만 실제로 화폐를 가지고 있으면서 거래한다는 점은 같아. 이처럼 개인이나 기업이 은행이나 환전소에서 외화를 교환하는 환전시장도 외환시장에 속해. 하지만 환전시장은 외환시장의 일부분에 불과해.

'외환'은 외국 화폐보다 넓은 개념인 외국 통화를 말하고, 외환시장은 환전시장만이 아니라 외국 통화로 일어나는 거래를 하는 모든 시장이야. 통화(currency)는 화폐를 포함해 화폐의 기능이나 성격을 가진 금융상품까지 합친 말이야. 누군가에게 온라인으로 돈을 보내 봤니? 이럴 때는 돈이 직접 전달되는 게 아니라 내 계좌에 있는 돈이 다른 사람의 계좌로 옮겨져. 눈으로 거래를 직접 볼 수는 없지만 거래가 일어난 것은 분명해. 보통 외환시장이라고 하면 금융기관끼리 외환 거래를 하는 시장을 말하는데, 여기에서는 이처럼 눈으로 볼 수 없는 방법으로 거래를 해. 그러니까 환율은 서로 다른 나라의 화폐가 아니라 서로 다른 나라의 통화를 교환하는 비율이라고 하는 게 정확한 표현이야.

'통화'가 정확한 표현이지만 '화폐'를 사용할 때가 있듯이 일상적으로는 '외환' 대신 '외화'를 사용하는 경우도 있어.

현우 알쏭달쏭하네. 머리 아프다.

쇼미 어렵지만 재미있어. 은행끼리는 어떻게 거래해?

신기 환율이 경제문제의 중요한 관심사가 된 날이면 뉴스에서 어김없이 보여 주는 곳이 있어. 바로 외환 딜러들이 일하는 곳

이야.

현우 외환 딜러?

신기 외환 거래를 외환 딜링, 외환 거래를 전문으로 하는 사람을 외환 딜러라고 해. 외환 거래가 어떻게 이루어지는지 알려 줄게. 예를 들어 100만 달러를 1,185원/달러에 팔려는 은행이 있어. 그럼 이 은행의 외환 딜러가 외국환중개회사에 연결된 컴퓨터 단말기에 팔려는 외화의 종류와 규모, 가격을 입력해. 또 200만 달러를 1,184원/달러에 사려는 은행이 있으면 마찬가지로 외환 딜러가 이를 입력하지. 이렇게 달러를 사고판다는 주문이 계속 이어지면서 가격이 서로 일치하는 상대방을 찾게 되면 거래가 이루어져. 그리고 거래를 한 가격이 바로 그 시각의 환율이 되는 거지. 잠깐, 그래프를 하나 보여 줄게.

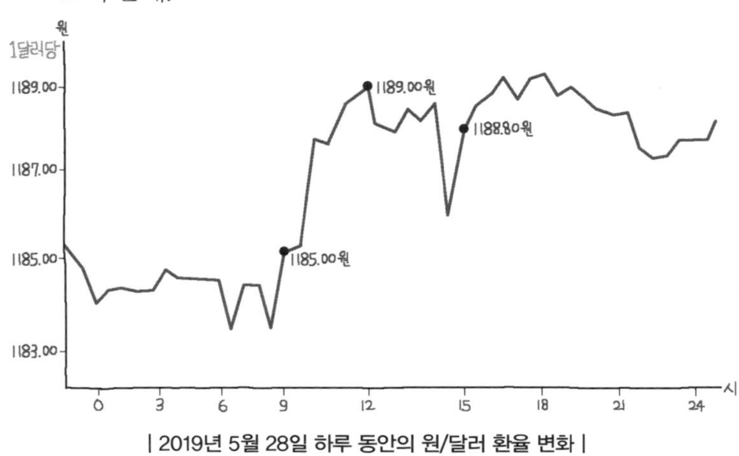

| 2019년 5월 28일 하루 동안의 원/달러 환율 변화 |

현우 외환시장의 환율이 바뀌면 우리가 은행에서 환전할 때 환율도 바뀌는 거야?

신기 은행에서 환전 고객에게 적용하는 환율은 외환시장에서 정해진 환율을 바탕으로 결정되지만 외환시장에서 거래가 일어날 때마다 바뀌지는 않아. 그리고 외환시장에서의 환율을 그대로 적용하지도 않고. 은행은 환전 서비스에 들어가는 비용을 더해서 환율을 정해. 그래서 우리가 환전하면서 실제 지불하는 외화의 가격은 외환시장에서의 환율보다 조금 비싸. 아까 우리가 환전에 필요한 돈을 계산할 때 1유로를 1,330원이라고 했지만, 실제로 환전을 한다면 이보다 좀 더 높은 환율이 적용되지.

쇼미 난 딜링에 꽂혔어. 딜링을 한 후 돈은 어떻게 주고받아?

신기 쇼미가 외환 딜러가 되고 싶다고 할 수 있겠네. 직접 화폐를 주고받는 건 아니고 온라인으로 돈을 보낼 때처럼 눈으로 볼 수 없는 방식으로 돈을 주고받지. 만약 A은행이 B은행으로부터 달러화를 샀다면 A은행은 B은행의 원화 계좌로 원화를 보내주고, B은행은 A은행의 달러화 계좌로 달러를 보내주는 거야.

현우 으악, 난 자고 싶다.

신기 현우의 인내심이 한계에 달했구나. 오늘은 여기까지 하자.

2

오르락내리락 쉬지 않고 변하는 환율

환율 결정도 수요공급의 법칙에 따라

신기 비행기를 탈 게이트 위치까지 확인했으니 출국 준비 끝! 탑승 시간까지 두 시간 남았어.

쇼미 더 늦게 만났어도 되는데. 아침도 제대로 못 먹고 괜히 서둘러 나왔잖아.

현우 나도 배고파.

신기 교통체증이 심한 토요일은 공항에서 기다리더라도 일찍 서두르는 게 좋아. 이런 경우를 대비해서 깜짝 선물을 준비했지. 출국 수속을 끝내면 사람들은 주로 면세점을 기웃거리지만 우린 패스! 배낭여행족에게 짐은 말 그대로 짐이거든. 이제 깜짝 선물을 쏠게. 일찍 온 게 억울하지 않을걸.

현우 와, 좋다. 공항 안에 이런 곳도 있구나.

신기 비행기 타기 전 공항 라운지에서 식사도 하고 잠시 쉬며 여유를 갖는 게 나의 소확행이야.

현우 소소하지만 확실한 행복?

신기 그래, 일상에서 느낄 수 있는 작지만 확실한 행복. 비록 월급 받아 적금 넣고 나면 쓸 돈은 별로 없지만 해외여행을 갈 때 공항 라운지를 이용하는 게 지나친 소비는 아니라고 봐.

쇼미 역시, 언니 짱이야!

현우 접시를 세 번이나 비웠더니 이제 아무 생각 없다.

쇼미 나도 마찬가지야.

신기 이제 배고프다는 타령은 안 하겠구나. 시간이 있으니 경제 기사를 봐야겠군. 경제 흐름에 민감한 주가와 환율도 확인하고. 토요일이라 국내 외환시장은 열리지 않았을 거고, 어젯밤 해외 외환시장에서 환율이 어떻게 움직였는지 잠깐 찾아볼게. 환율이 내렸네. 원화 가치가 오르는 추세가 되려나?

현우 역시 경제 신문 기자는 달라. 그런데 환율은 내렸고 원화 가치는 오른다? 무슨 말이야?

쇼미 한국이 아닌 다른 나라 외환시장에서도 원화와 달러화를 바꾸는 거래가 일어나고, 그때도 환율이 변한다고? 물건 가격은 자주 바뀌지 않는데 환율은 거래가 일어날 때마다 계속 변한다면 뭔가 환율과 물건 가격은 다르다는 느낌이 들어.

신기 내 친구들도 환율 이야기는 알쏭달쏭하다는데 너희는 더 하겠지. 현우 질문에 대한 설명은 기니까 뒤로 미루고 쇼미 궁금증부터 풀어 보자. 쇼미는 아마도 재화나 서비스의 가격은 환율처럼 시시각각 변하는 게 아니라서 환율과 물건 가격은 다르다고 느끼나 봐. 하지만 재화나 서비스 가격이 시장에서 수요와 공급이 일치하는 점에서 정해지듯이 환율도 외환시장에서 수요와 공급이 일치하는 점에서 정해져. 둘 다 시장

에서 수요와 공급이 일치하는 점에서 시장가격과 균형거래량이 결정되는 수요공급의 법칙이 적용되는 거지.

아, 전에 양평시장에서 싸리버섯을 샀던 일을 떠올려 봐. 나랑 상인이 흥정한 후 싸리버섯 가격과 거래량이 결정되었어. 같은 날 다른 사람은 그 가게에서 내가 산 가격과 다른 가격으로 싸리버섯을 샀을 수 있지. 재래시장에서 거래 시점에 따라 가격이 달라질 수 있는 것처럼 환율도 그런 거야. 단지 외환시장의 거래는 아주 빈번하게 일어나니까 환율은 자주 바뀌는 거고.

자, 그럼 외환시장에서 환율은 어떻게 결정되는지 살펴보자.

환율제도는 정부가 일방적으로 정한 환율을 일정 기간 유지하는 고정환율제와 외환시장의 수요와 공급에 따라 환율이 정해지는 변동환율제로 나누어져. 한국에서는 고정환율제가 실시되다가 1990년 3월부터 외환시장에서 환율이 정해지더라도 정부가 하루 환율 변동 폭을 제한하는 변동환율제가 도입되었어. 이후 1997년 12월 16일부터 변동 폭에 대한 제한을 없애고 외환의 수요공급에 따라 환율이 정해지는 완전한 변동환율제가 실시되었지.

시장에서 수요와 공급이 만나는 점에서 결정되는 가격을 시장가격 또는 균형가격이라고 하고, 시장가격에서 거래되는 상품의 거래량을 균형거래량이라고 했던 걸 기억하지? 그래프로 그리면 다음과 같아.

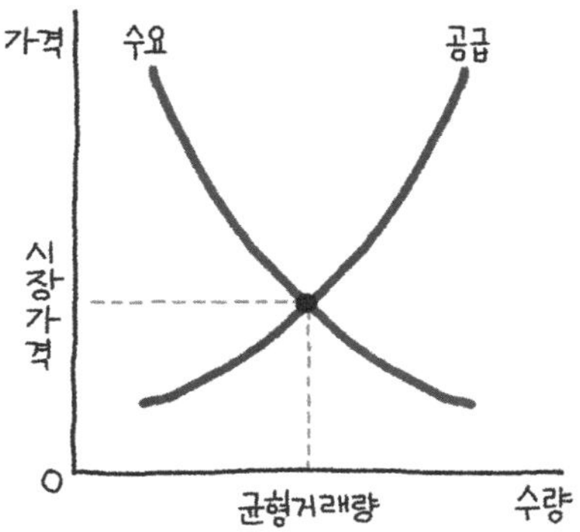

이를 외환시장에 적용하면 가격은 환율(원/달러), 수량은 거래량(달러), 시장가격은 시장환율 또는 균형환율로 바꾸면 돼.

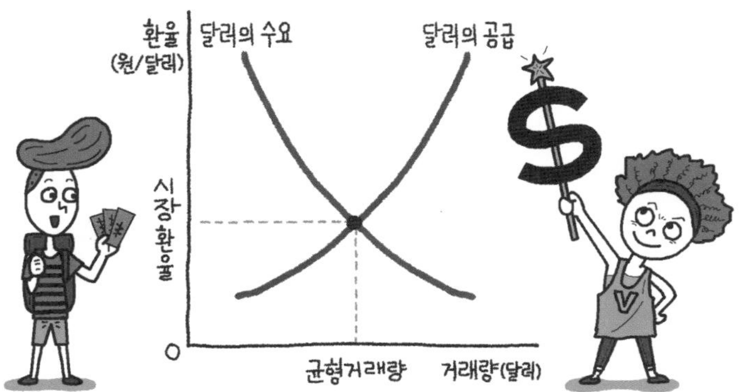

시장에서 재화와 서비스의 수요공급의 법칙에 따라 가격이 정해지는 것처럼 외환시장에서도 외환의 수요와 공급에 따라 환율이 정해져. 즉 외환의 수요와 공급이 만나는 점에서 시장환율과 균형거래량이 정해지는 거지.

새로운 시장환율 뒤에 새로운 시장환율 뒤에 새로운…

쇼미 아직도 알쏭달쏭해. 일단 환율도 물건 가격처럼 수요공급의 법칙에 따라 정해진다고 해. 그럼 재화나 서비스의 수요와 공급이 변하면 가격이 달라지듯이 외환시장에서 외환의 수요와 공급이 달라지면 환율이 변하는 거야?

신기 그렇지. 재화나 서비스의 가격은 수요곡선과 공급곡선이 이동하여 새로운 시장가격이 만들어질 때 변하지. 이를 그대로 외환시장에 적용하면 환율이 오르고 내리는 경우를 따져 볼 수 있어. 그래프를 하나 그려 볼게. 공급곡선은 그대로이고 수요가 증가하여 수요곡선이 오른쪽으로 이동하여 환율이 올라간 경우야.

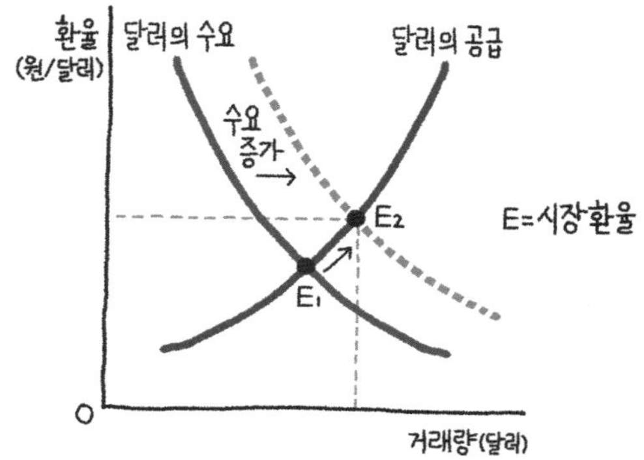

| 공급곡선은 그대로이고 수요곡선이 오른쪽으로 이동한 경우 |

수요곡선은 그대로이고 공급이 감소하여 공급곡선이 왼쪽으로 이동해도 환율은 올라가. 그래프로 확인해 볼까?

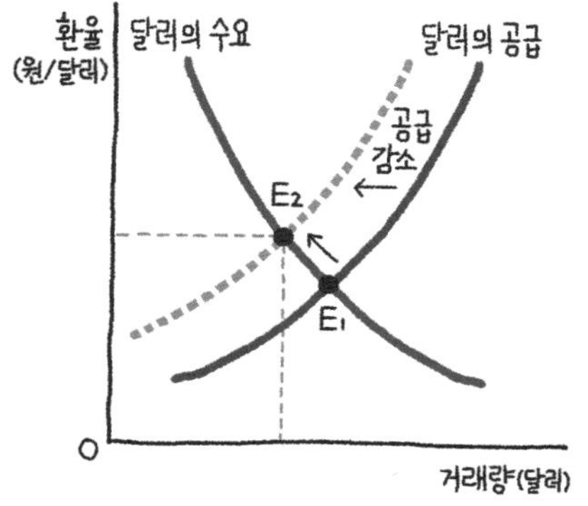

| 수요곡선은 그대로이고 공급곡선이 왼쪽으로 이동한 경우 |

올라가는 경우와 반대되는 현상이 생기면 환율이 내려가겠지? 또 그래프를 보여 줄 테니 어떤 경우인지 말해 볼래?

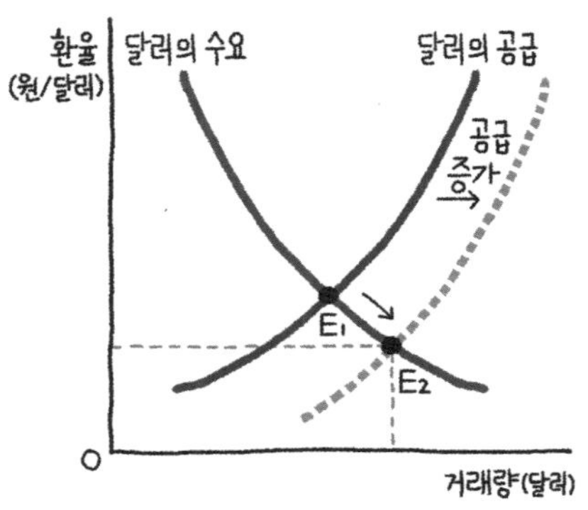

| 수요곡선은 그대로이고 공급곡선이 오른쪽으로 이동한 경우 |

현우 수요곡선은 그대로이고 공급이 증가하여 공급곡선이 오른쪽으로 이동한 거야. 그래서 환율은 내려갔고.

신기 맞아. 공급곡선은 그대로이고 수요가 감소하여 수요곡선이 왼쪽으로 이동해도 환율은 내려가지. 이런 경우의 그래프를 그려 볼게.

쇼미 잠깐, 내가 해 볼게. 공급은 그대로이고 수요가 줄어들면 수요곡선이 왼쪽으로 이동하지. 언니, 이 그래프 맞지?

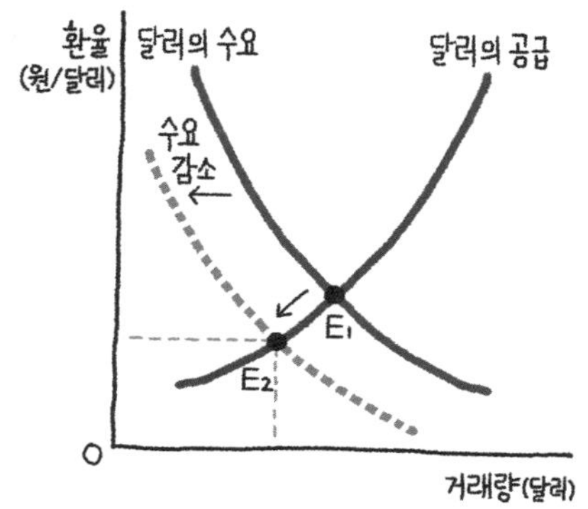

| 공급곡선은 그대로이고 수요곡선이 왼쪽으로 이동한 경우 |

신기 잘했어. 백문불여일견(百聞不如一見)이라는데 보는 것에서 나아가 그래프까지 그려 보았어. 외환의 수요공급에 따라 환율이 변하는 건 이제 완전히 소화했다고 봐.

쇼미 그런데 환율은 딜링이 일어날 때마다 계속 변한다는데 외환의 수요나 공급 중 어느 하나가 변화하지 않는다는 게 이상해.

신기 지금까지 예는 환율이 외환의 수요와 공급에 따라 결정된다는 걸 보여 주기 위한 거였어. 실제 외환시장에서는 수요곡선이나 공급곡선이 계속 이동하고, 새로운 시장환율이 계속 만들어지며 환율이 오르고 내리는 일이 반복되지. 외환시장에서 생길 수 있는 많은 경우를 모두 따져 볼 수는 없고 지금은 외환의 수요와 공급이 달라지면 환율도 변한다는 사실만 확실히 기억하자.

원화 가치가 올랐습니다, 고로 환율은 내렸습니다

신기 환율에 대해 제법 긴 이야기를 했지만 정리하면 간단해. '환율은 서로 다른 나라의 화폐(통화)를 교환하는 비율이고, 이는 외환시장에서 외환의 수요와 공급에 따라 결정된다.' 이제 현우가 궁금하게 여기는 환율과 화폐 가치의 관계를 알려 줄게. 몸무게가 무거운 사람과 가벼운 사람이 함께 시소를 타면 몸무게가 무거운 사람이 탄 쪽이 내려가지? 환율도 시소를 탈 때처럼 오르락내리락하는데 원화 가치가 올라가면 환율은 내려가. 우리 돈의 가치와 환율은 반대로 움직여.

쇼미 무슨 뜻이야?

현우 나만 모르는 게 아니구나. 딜링에 꽂힌 쇼미도 그러니 안심

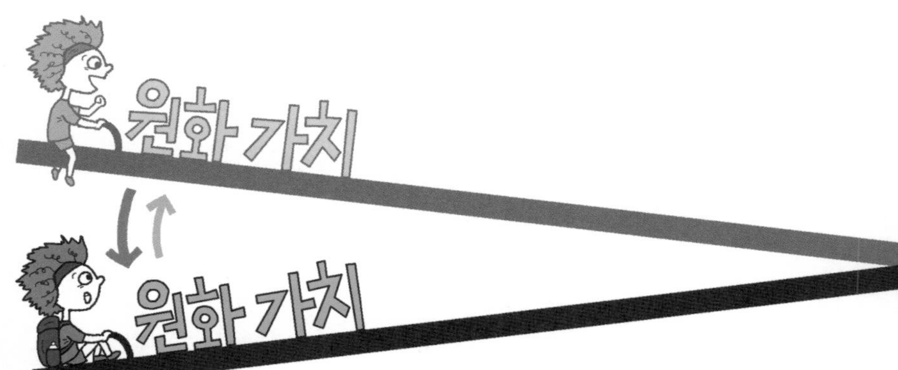

이군.

신기 아유, 내가 또 너무 앞질러 갔구나. 하나하나 차근차근 설명해야 하는데. 가격은 개별 재화와 서비스의 가치를 나타내는 말이지? 수박을 기준으로 과일을 바꾸는 걸 다시 해 보자. 수박은 8,000원, 사과는 1,000원이라면 수박과 사과의 교환비율은 1:8이야. 그런데 갑자기 사과 가격이 올라서 2,000원이 되었어. 사과 가격이 2배로 오른 건 사과의 가치가 2배 올랐다는 걸 뜻해. 사과 가격이 오른 후 수박과 사과를 바꾸면 교환비율은 어떻게 되지?

현우 1:4가 돼.

신기 맞아. 수박과 사과를 교환하는 비율이 사과/수박이 8에서 4로 내려갔어. 수박을 기준으로 할 때 사과의 가치가 올라가니까 교환비율이 내려간 거야. 이해되니?

현우 교환비율이 달라진 건 이해되는데….

쇼미 가격, 가치, 교환비율, 이런 것들의 관계는 여전히 어렵네.

신기 우선 교환하는 물건의 가치가 달라지면, 즉 가격이 달라지면 교환비율이 달라진다는 것만 기억해 둬.

이런 원리를 환율에 적용해서 돈의 가치와 환율의 관계를 알아보자. 그냥 환율이라고 하면 원/달러 환율을 뜻하는 거니까 원화와 달러화를 예로 들어 볼게. 실제로 하루에 환율이 오르내리는 폭이 100원이라면 큰일 날 일이지만 이해하기 쉽게 환율 변동 폭을 100원으로 할게. 어제 외환시장에서 환율이 1,100원으로 끝났어. 그런데 오늘 아침 외환시장이 열렸을 때 달러화를 판다는 공급이 늘어나 1달러는 1,000원으로 거래되었어. 환율이 100원 내린 1,000원이 된 거야.

이럴 때 원화와 달러화의 가치를 비교해 보자. 원/달러 환율은 원화를 주고 달러화를 살 때의 가격이야. 1달러를 살 때 필요한 원화가 100원 줄어들었어. 우리가 1,000달러를 사는데 환율이 1,100원이라면 얼마가 필요하지?

현우 잠깐만 계산기가 필요해. 1,000(달러)×1,100(원)=1,100,000(원)

백십만 원을 주어야 하네.

신기 환율이 1,000원이라면?

쇼미 1,000(달러)×1,000(원)=1,000,000(원)

백만 원만 주면 돼. 환율이 내려가면 달러를 바꾸는 데 필요한 원화가 줄어드는구나. 돈을 번 것 같은 기분인걸.

신기 그렇지. 수박을 기준으로 했을 때 사과 가치가 달라지니까 교환비율이 달라진 것처럼, 서로 교환하는 돈의 가치가 달라지면 이를 교환하는 비율인 환율도 달라져. 환율이 내려가서 달러화를 사는 데 필요한 원화가 줄어들어 돈을 번 기분이 드는 건 내가 가진 돈의 가치가 올라서 그런 거야. 반대로 달러화 가치는 내려간 거지. 아까 내가 환율이 내려서 원화 가치가 오르는 추세라고 했던 건 바로 이런 뜻에서야.

이번에는 환율이 100원이 올라 1,200원이 되었다고 하자. 1,000달러를 사려면 얼마가 필요하지?

쇼미 1,000(달러)×1,200(원)=1,200,000(원)

백이십만 원이야. 환율이 오르니까 더 많은 돈이 필요해졌어.

신기 환율이 오르니까 달러화를 살 때 더 많은 원화가 필요해진

환율 상승 ⇧

(원화 가치 하락, 달러 가치 상승)

㉈ 1,000달러를 110만 원에 사다가
환율 상승으로 120만 원을 내야 살 수 있음

환율 하락 ⇩

(원화 가치 상승, 달러 가치 하락)

㉈ 1,000달러를 110만 원에 사다가
환율 하락으로 100만 원만 내면 살 수 있음

건 내가 가진 돈의 가치가 내려갔고, 달러화의 가치는 올라갔기 때문이야.
듣기만 하는 것보다 이렇게 정리해서 눈으로 보고 확인하니 훨씬 이해하기 쉽지?

환율이 내렸습니다, 원화가 평가절상되었습니다

쇼미 환율이 무언지, 환율과 화폐(통화) 가치는 어떤 연관이 있는지 느낌이 팍! 왔어.
경제 뉴스에서 환율 이야기가 자주 나온다는데 이제 환율 뉴스가 나오면 무슨 말인지 알겠지?

신기 시작이 반이라고 하지. 환율 공부를 시작했으니 환율에 대해 반은 알고 있다고 해야 실망하지 않겠지? 하지만 환율이 나오는 뉴스를 이해하려면 아직 갈 길이 멀어. 뉴스는 기본적인 내용부터 차근차근 말해 주지 않고 사실만 전달하거든. 특히 알 수 없는 경제 용어를 사용할 때는 내용을 이해하기 힘들 거야.

현우 엄청 많이 공부한 것 같은데 아직 뉴스를 이해하지 못할 거라니 맥이 빠지네.

일단 환율이 나오는 경제 뉴스를 하나만 보여 줘.

신기 그러자. 2018년 11월에 위안화(¥) 환율과 관련된 뉴스가 있네.

중국, 트럼프-시진핑 회동 앞두고 위안화 큰 폭 평가절상

도널드 트럼프 미국 대통령과 시진핑 중국 국가주석이 이달 G20(주요 20개국) 정상회담을 계기로 만나, 미중 무역전쟁 해법을 모색하기로 한 가운데 중국이 위안화 기준 환율을 큰 폭으로 내렸습니다. 인민은행은 2일 오전 위안화 기준 환율을 전 거래일보다 0.43% 내린 달러당 6.9371 위안으로 고시했습니다. 위안화 환율이 내린 것은 달러 대비 위안화 가치가 높아졌음을 뜻합니다.

현우 대충 감은 잡혀. 11월 2일 중국 돈인 위안화로 1달러를 바꾼다면 6.9371위안이 필요하다. 전날에 비해 0.43% 환율이 내렸다. 그러니까 전날 1달러를 바꿀 때 6.9371위안보다 더 많은 위안화가 필요했다. 뭐 이런 거 아니야?

신기 대단하다! 누나가 현우의 실력을 과소평가했네.

쇼미 현우가 아니라 우리 실력을 과소평가한 거야. 나도 그 정도는 알 수 있거든.

위안화 가치

평가는 어떤 가치나 수준을 헤아린다는 말이잖아. 그런데 기사 제목에서 말한 평가절상은 뭐야? 그리고 위안화 환율이 내린 게 왜 한국에서 뉴스거리가 되지?

신기 학생이 똑똑하니 가르치는 일이 즐겁다. 오늘은 평가절상과 평가절하가 무언지만 알려 줄게. 위안화 환율이 내린 게 왜 한국에서 뉴스거리인지 이해

한다면 국제거래에 대해서 더 이상 배울 게 없는 수준이야. 우리 목표는 거기까지 가는 것! 하지만 단번에 가려면 숨이 차니 차근차근 천천히 가자.

쇼미가 말한 대로 평가는 어떤 가치나 수준을 헤아린다는 거야. 상(上)은 위, 하(下)는 아래를 뜻하니까 가치가 올라간 걸 절상, 내려간 것을 절하라고 해. 그렇다면 경제 용어로 평가절상은 무슨 가치가 올라가는 걸까? 바로 통화의 가치가 올

라가는 거야. "위안화 큰 폭으로 평가절상"이란 말은 위안화의 가치가 아주 많이 올랐다는 뜻이지. 반대로 통화 가치가 내려가는 것을 평가절하라고 해. 달러화와 위안화 가치를 비교할 때 위안화 가치가 오르면 달러화 가치는 상대적으로 내려가. 그러니까 위안화를 기준으로 한다면 달러화는 평가절하된 거야.

원/달러 환율이 가장 높았을 때는 1997년 외환위기가 일어났을 때였어. 달러화의 수요는 엄청나게 늘었는데 공급이 거의 이루어지지 않아서였지. 왜 이런 일이 벌어졌는지는 다음에 이야기해 줄게.

이를 원/달러 환율에 적용해 보자. 원/달러 환율이 1,100원에서 1,200원으로 올랐다면 원화는 평가절상된 걸까? 평가절하된 걸까?

현우 환율과 원화 가치는 반대로 움직인다고 했어. 환율이 오른 건 원화 가치가 내려간 거니까 원화는 평가절하된 거야.

신기 맞았어. 뉴스에서 '원화 평가절하'라면 '환율이 올랐다', '원화 평가절상'이라면 '환율이 내렸다'라고 생각하면 돼.

이제 탑승 게이트로 가자. 버스나 지하철은 놓치면 다음에 오는 버스나 지하철을 타면 되지만 비행기는 그럴 수 없어. 그러니까 여유 있게 탑승 게이트에 가서 기다리는 게 좋아.

3

들어오는 외화, 나가는 외화

경제활동이 국경을 넘고

현우 헤맬까 봐 조마조마했는데. 암스테르담 스키폴 공항에서 기차를 타고 무사히 암스테르담 중앙역까지 잘 도착했어. 이제 맛있는 게 기다리고 있겠지! 음~ 스멜.

신기 헤맬까 걱정하는 건 내 몫이야. 너희는 짐이나 잘 챙겨. 이제 사흘간 묵을 호텔을 찾아가야지. 다른 도시의 숙소는 모두 중앙역 근처로 잡았는데, 암스테르담의 숙소는 반 고흐 미술관과 암스테르담 국립박물관, 아이암스테르담(I Amsterdam) 조형물이 있는 박물관지구 근처에 있어. 여기서 트램을 타고 가야 해.

쇼미 호텔에서 묵는다니 신난다!

신기 이름에 호텔이 붙었지만 숙박 요금은 호스텔 정도이니 기대하지 않는 게 좋아. 암스테르담은 유럽 도시 중에서도 숙박비가 비싼데, 가성비가 좋은 곳은 일찍 예약이 완료되어서 예산에 맞추자니 어쩔 수 없었어. 그렇지만 산책할 곳이 많고, 트램 정류장이 가까워 불편하지 않을 거야. 저녁은 이 근처에서 먹을 거야. 분위기 좋은 곳을 미리 알아봤지.

현우 캬, 식당 분위기가 고급진 나와 완전 딱이네, 딱!

신기 메뉴판을 보자. 스테이크로 유명한 식당이니까 스테이크 하나는 주문해야지. 텐더로인 스테이크 보통은 18.75유로, XL는 27.95유로. 셋이 맛을 보려면 XL라야지. 네덜란드 물가는 비싼 편이라는데 우리 돈으로 얼마인지 따져 보자. 여행하면서 음식을 먹거나 무엇인가를 살 때 가격 수준은 현지 가격에 환율을 곱하면 짐작할 수 있어. 환전할 때 적용된 원/유로 환율이 1,340원 정도였으니까 가격에 1,340을 곱하면 27.95(유로)×1,340(원)=37,453(원).

스테이크 양을 봐야지 정확하게 가격 수준을 파악하겠지만, 햄버거가 10.95유로이고 슈니첼이 11.95유로, 식당 분위기가 이 정도면 착한 가격이네. 그래도 예산에 맞추려면 매일 이런 곳에서 식사하진 못해. 하지만 오늘은 유럽에서의 첫 식사니까 기분 좋게 먹자.

쇼미 이것도 언니의 소확행? 그런데 지금 원/유로 환율은 얼마야?

신기 인천 공항에서 확인했을 때, 우리가 환전한 거보다 10원 정도 내렸던데.

현우 떠나기 바로 전에 환전하면 좋았을 텐데. 누나가 실수한 건가?

신기 까불지 마! 외환 딜러의 환율 예측도 빗나가기 일쑤거든.

쇼미 변화무쌍한 외환시장에서 일하는 외환 딜러는 스릴 만점이겠다. 환율은 외환의 수요와 공급에 따라 결정된다고 했는데, 언제 수요와 공급이 생기는 거야?

현우 에이, 그것도 몰라? 외환을 살 때 수요가 생기지. 팔 때 공급이 생기고.

쇼미 그걸 모르는 게 아니거든. 언제 왜 외환을 사고파는지 구체적으로 알고 싶은 거라고!

신기 쇼미가 좋은 질문을 했네. 우리가 한국에서 식사할 때 환전이 필요해?

쇼미 원화를 내면 되니까 환전을 할 필요가 없어.

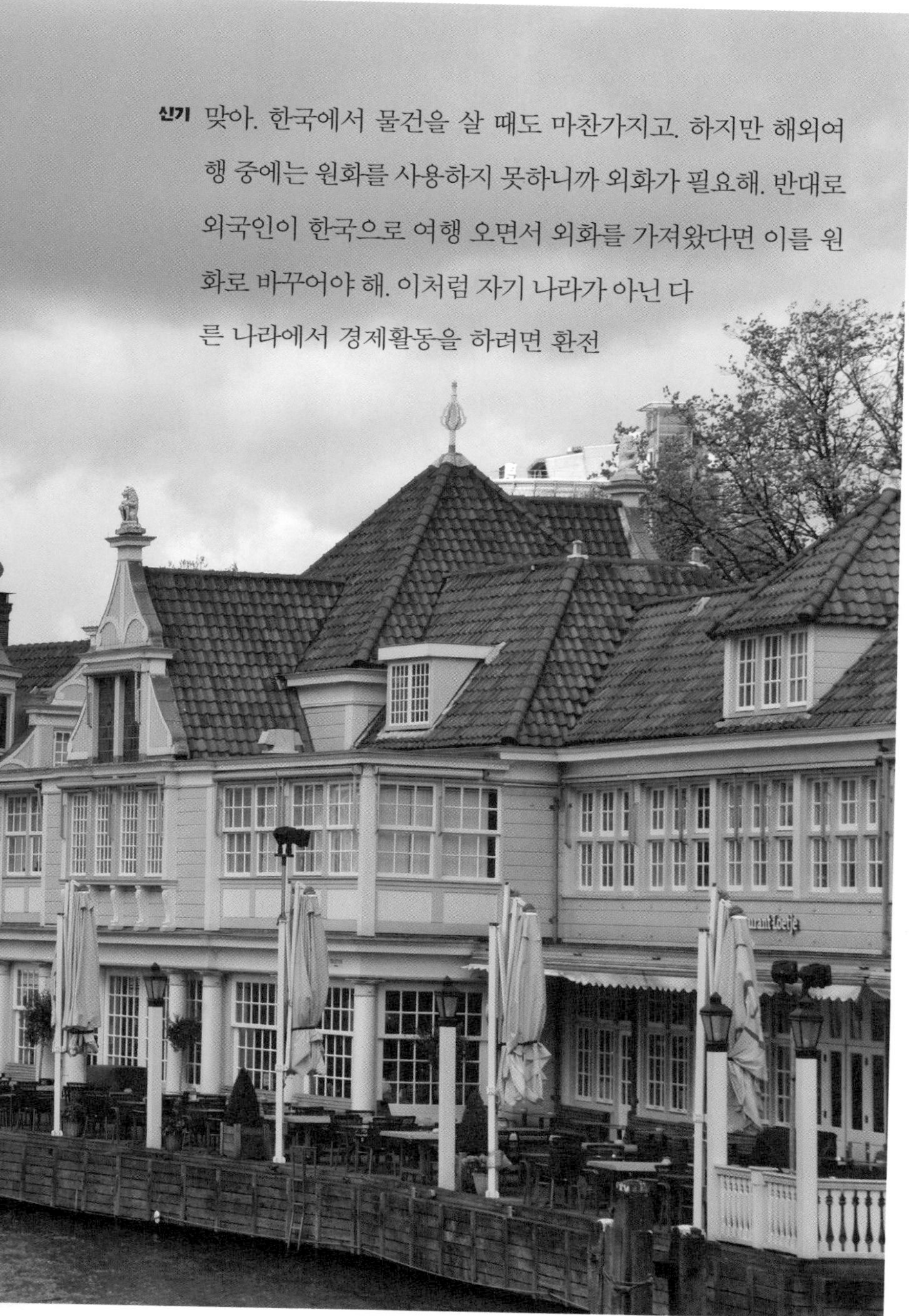

신기 맞아. 한국에서 물건을 살 때도 마찬가지고. 하지만 해외여행 중에는 원화를 사용하지 못하니까 외화가 필요해. 반대로 외국인이 한국으로 여행 오면서 외화를 가져왔다면 이를 원화로 바꾸어야 해. 이처럼 자기 나라가 아닌 다른 나라에서 경제활동을 하려면 환전

을 해야지. 개인만이 아니라 기업이나 정부도 마찬가지야. 국내에서 경제활동을 하면 외환 거래가 필요 없지만 기업이 상품이나 서비스를 외국으로 팔거나 외국에서 사 오거나, 정부가 외국에 돈을 빌려주거나 빌리는 등 외국과의 경제활동이 이루어지면 외환을 사거나 팔아. 즉 개인과 기업, 정부의 경제활동이 국경을 넘어서 이루어지면 외환의 수요와 공급이 생기게 되니까 외환 거래가 일어나는 거야.

현우 그러니까 외환 거래는 다른 나라와 관련된 경제활동이 일어날 때 생기는 거네.

신기 Good Job! 일단 음식을 주문하고 기다리는 동안 외환의 수요와 공급이 생기는 경우를 차근차근 따져 보기로 하자.

달러를 사고 싶어? 난 달러를 팔고 싶어

신기 수요는 시장에서 일정한 가격을 지불하고 상품을 사려는 욕구야. 달러의 수요는 외환시장에서 달러를 사는 것이지. 언제 달러를 사야 할지 생각해 볼래?

현우 해외여행을 할 때.

신기 그렇지. 개인들이 달러를 사는 대표적인 경우가 해외여행을 하려고 환전할 때야. 또 언제 달러를 사야 할까?

쇼미 글쎄. 지금까지 달러를 사고파는 일은 나랑 상관없어서 생각해 본 적이 없어.

신기 질문이 너희에게 좀 어려운가 보구나. 그럼 질문을 바꾸어 볼게. 한국에 있는 사람에게 돈을 보낼 때는 원화로 보내. 한국에서 외국으로 돈을 보낼 때, 원화로 보낼 수 있을까?

쇼미 아닐 것 같은데. 그 나라에서 사용할 수 있는 돈으로 보내야 하지 않아?

신기 맞아. 외국에서 공부하는 자녀에게 생활비와 등록금을 보내거나 해외에 사는 친구에게 결혼 축의금을 보내는 등 해외로 송금할 때는 외국 통화로 보내야 해. 주로 달러로 보내는데 그러려면 달러를 사야지.

기업이 외국에서 상품이나 서비스를 수입할 때, 외국에서 사업을 하려고 투자할 돈을 보낼 때, 외국에 있는 사람이나 기업에게 돈을 빌려줄 때, 외국에서 돈을 빌리고 이자를 주거나, 빌린 돈을 갚을 때 등 돈이 한국에서 해외로 나가면 달러를 살 일이 생겨.

아, 한국에서 일하는 외국인노동자들이 많은데 이들이 번 돈을 자기 나라로 보낼 때도 달러를 사야 해. 이런 경우에 달러의 수요가 생기는 거야.

쇼미 이렇게 많은 경우가 있을 거라고는 생각 못했어.

신기 그렇지? 이번에는 해외에서 한국으로 달러가 들어오는 걸 생각해 보자. 달러화가 나가는 경우를 알려 주었으니 들어오는 경우는 너희가 스스로 생각해 볼까?

현우 달러가 들어올 때와 반대니까 외국인이 한국에 여행 오거나 유학 와서 공부할 때.

신기 좋아. 그런 식으로 하면 돼. 기업의 경우는?

쇼미 우리 상품이나 서비스를 외국에 수출할 때야.

신기 외국에서 사업하려고 투자할 돈을 내보내면 달러가 나가니까 반대로 들어오는 경우는?

현우 외국 기업이 한국에 투자하려고 돈을 들여올 때지.

신기 외국에 있는 사람이나 기업에게 돈을 빌려주거나 빌린 돈을 갚을 때 달러가 나가. 반대로 들어오는 경우는?

현우 외국에서 돈을 빌려오거나, 외국에 빌려준 돈을 돌려받을 때.

쇼미 우리 국민이 해외에서 일하고 번 돈을 한국으로 보낼 때도 달러가 들어와.

신기 잘했어. 이처럼 한국으로 들어온 달러를 원화로 바꾸려면 달러화를 팔아야 하니까 달러의 공급이 이루어져. 수요는 달러화가 나갈 때, 공급은 달러화가 들어올 때 생긴다고 했으니, 달러화의 수요와 공급 중 어디에 해당하는지 판단하려면, 달러가 나갈지 들어올지를 따져 보면 돼.

대표적인 경우를 표로 정리해 보자. 내가 먼저 달러를 사는 경우를 채워 볼 테니 너희가 달러를 파는 경우를 채워 봐.

달러를 사는 경우(달러화 수요)	달러를 파는 경우(달러화 공급)
국민의 해외여행, 해외 유학	외국인의 한국 여행, 한국 유학
상품의 수입	상품의 수출
한국에서 해외로 투자	외국에서 한국에 투자
외국에 돈을 빌려줌	외국에서 돈을 빌림
외국에서 빌린 돈을 갚음	외국에 빌려준 돈을 되돌려 받음

셋이 힘을 합치니 금방 채워지네.

한 나라의 금전출납부, 국제수지

쇼미 딜러들이 들어오는 달러와 나가는 달러가 얼만지 알면 환율 변화를 예측하는 데 도움이 되겠네. 들어오고 나가는 달러가 얼마인지 알 수 있어?

신기 질문 수준이 놀랍다. 정말 딜러가 될 소질이 보여! 앞으로 생

길 달러의 수요와 공급에 영향을 줄 내용을 알면 당연히 환율 예측에 도움이 되지. 그런데, 보통 사람이 이런 귀한 정보를 알기는 어려워. 하지만 매월 초순에 한국은행에서 발표하는 지난달의 국제수지를 알면 최근 흐름은 알 수 있어.

현우 국제수지가 뭐야? 모르는 경제 용어가 나오면 까막눈 같아서 기분이 여엉~.

신기 미안, 또 설명도 없이 전문용어를 썼네. 먼저 수지(收支)가 무엇인지부터 설명할게. 초등학교에서 용돈기입장을 배웠을 테니 너희도 용돈기입장을 쓴 적이 있을 거야. 용돈기입장에서 들어오는 돈은 수입에, 나가는 돈은 지출에 적었지? 수지란 들어오는 돈과 나가는 돈을 함께 일컫는 말이야. 집안 살림을 하면서 들어오는 돈과 나가는 돈을 모두 적은 금전출납부를 가계부라고 해. 이를 보면 가계수지를 알 수 있어.

국제수지는 한마디로 한 나라의 금전출납부야. 일정 기간 동안 외국과 거래를 하면서 일어나는 모든 돈 거래를 기록한 것이지. 이걸 보면 외국과 상품과 서비스를 사고팔며 주고받은 돈뿐만 아니라 돈을 빌리거나 빌려주기 위해 주고받은 돈까지 모든 돈이 들어오고 나간 결과를 알 수 있어.

달러의 수요는 돈이 나갈 때, 달러의 공급은 돈이 들어올 때 생겨. 외국과의 거래는 주로 달러로 하지만 유로나 엔, 위안 등 다른 통화로도 해. 너희는 언제 외환의 수요와 공급이 일어

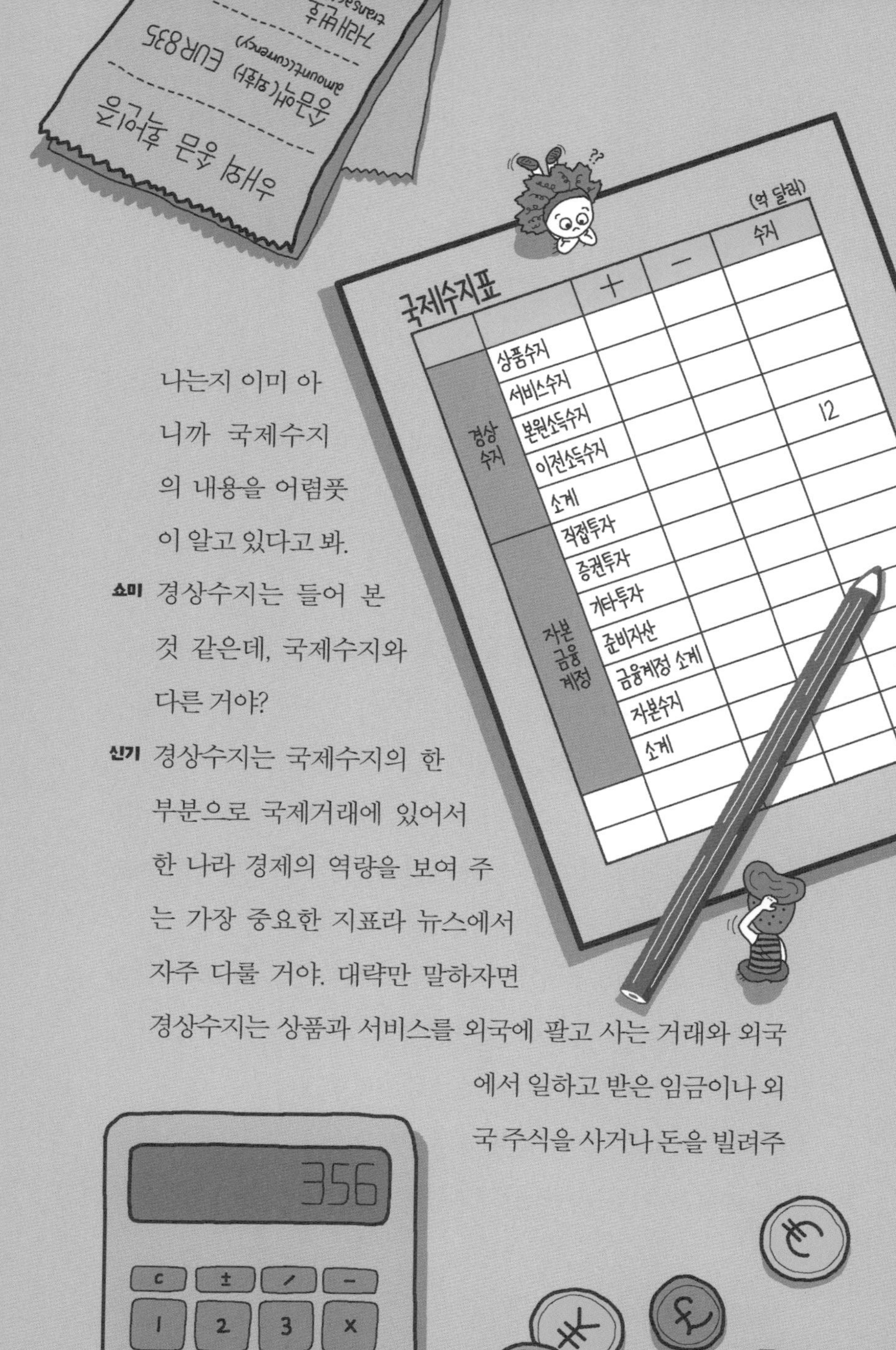

나는지 이미 아니까 국제수지의 내용을 어렴풋이 알고 있다고 봐.

쇼미 경상수지는 들어 본 것 같은데, 국제수지와 다른 거야?

신기 경상수지는 국제수지의 한 부분으로 국제거래에 있어서 한 나라 경제의 역량을 보여 주는 가장 중요한 지표라 뉴스에서 자주 다룰 거야. 대략만 말하자면 경상수지는 상품과 서비스를 외국에 팔고 사는 거래와 외국에서 일하고 받은 임금이나 외국 주식을 사거나 돈을 빌려주고 받는 배당금과 이자 등의 소득, 그리고 아무런 대가 없이 주고받은 돈의 차액이야.

정해진 기간 동안에 들어오는 돈과 나가는 돈을 모두 계산해 보면 항상 차이가 생기기 마련이지. 들어오는 돈이 나가는 돈보다 많으면 흑자라고 하고, 반대로 나가는 돈이 들어오는 돈보다 많으면 적자라고 해. 국제거래는 주로 달러와 같은 외화로 하는데, 나라 안으로 들어온 외화가 나라 밖으로 나간 외화보다 많으면 국제수지는 흑자이고 그 반대이면 적자야.

현우 우리 엄마는 늘 집안으로 들어오는 돈이 나가는 돈보다 많아야 한다고 강조해. 국가도 마찬가지야?

신기 경상수지는 흑자인 게 좋지. 경상수지가 흑자가 되려면 큰 부문을 차지하는 상품이나 서비스의 수출이 수입보다 많아야 해. 집안에서 버는 돈인 소득이 나가는 돈인 소비보다 많아야 저축할 여유가 생기듯이 국가도 경상수지 흑자로 여윳돈이 생기면 외국에 투자할 여력이 생기고, 외국에서 돈을 빌렸다면 빚을 갚을 수도 있으니까 말이야.

한마디로 경상수지가 흑자이면 경제를 더욱 건실하게 운영할 수 있는 힘이 생기는 거야.

쇼미 그럼 경상수지 흑자는 무조건 클수록 좋겠네.

신기 꼭 그렇다고 할 수 없어. 경상수지 흑자가 지나치게 크면 적자를 보고 있는 나라와 무역마찰이 일어나는 등 관계가 나빠질 빌미가 돼. 미국과 중국 사이의 무역에서 미국은 경상수지 적자 폭이 지나치게 크고, 반대로 중국은 경상수지 흑자 폭이 너무 커서 미국이 중국을 상대로 무역전쟁을 선포하게 된 것처럼 말이야. 무역전쟁에 대해서는 나중에 알려 줄게.

음식이 나왔다. 쇼미가 뭔가 궁금한 것 같은데 우선 먹자.

4

환율 변동과 경제는 끈끈한 사이

환율이 오르면 수출이 늘어나

신기 잠꾸러기들이 벌써 일어났네. 시차 적응이 안 돼서 그렇구나. 지금이 새벽 5시 30분. 시차가 8시간이니까 한국은 오후 1시 30분이다. 오늘 가려는 국립해양박물관은 9시에 문을 열고, 조식도 7시에나 먹을 수 있으니 더 누워 있어.

현우 답답해서 그냥 일어날래. 사실은 한 시간 전에 깼는데 누나랑 쇼미 깨울까 봐 가만히 있었어.

쇼미 오, 유럽에서 처음으로 맞이하는 역사적인 아침. 뭔가 기억에 남을 일을 해야 할 것 같아.

신기 이동 시간이 길고 중간에 잘 수 있는 날이라면 아침에 산책하면 좋아. 하지만 오늘은 종일 암스테르담에서 돌아다닐 거라 이른 아침부터 기운을 빼면 너무 힘들 텐데.

쇼미 그럼 어제 궁금했던 환율에 대해 지금 물어봐도 될까?

현우 No 아니 Yes! 그냥 누워 있으면서 답답한 거보다 낫다.

신기 엥, 아침부터 경제 공부라. 뜻밖인걸. 뭐가 궁금했는데?

쇼미 환율은 내리는 게 좋은지, 아니면 오르는 게 좋은지 궁금했어.

현우 환율과 우리 돈의 가치는 반대로 움직인다고 했잖아. 당연히 내리는 게 좋지. 새들의 왕은 힘센 독수리인 것처럼 뭐든지 힘이 세야 한다고. 그러니까 환율이 내려서 우리 돈도 힘이 세져야지.

쇼미 그럴 것 같기는 한데. 정말 환율은 내리는 게 좋아?

신기 대단해. 환율이 내리면 원화가 강해진다는 걸 기억하다니. 그런데 통화가 강한 것과 통화 가치가 강해지는 건 달라. 우리 기업은 상품과 서비스를 수출하거나 수입할 때 주로 달러화로 거래해. 원화로 거래하면 외환 거래를 하지 않아도 되는데, 왜 그럴까?

현우 외국에 있는 기업들이 달러화 거래를 원했을 것 같아. 다른 나라에서는 원화를 사용할 일이 없을 테니까.

신기 현우가 제대로 알고 있네. 통화가 강하다는 건 달러화처럼 국제거래에서 자주 사용되고, 어느 나라에서든지 자유롭게 교환할 수 있고, 통화 가치가 안정되어서 국제적인 신뢰를 받는 걸 말해. 환율이 내리는 건 원화 가치가 강해지고 달러화 가치가 약해지는 거야. 하지만 환율이 내린다고 원화가 달러화보다 더 강한 통화가 되는 건 아니지.

이제 차이를 알겠지?

쇼미 응, 하지만 환율이 내리는 게 좋은지, 오르는 게 좋은지는 전혀 감이 안 잡히는걸.

신기 환율이 통화 가치보다 너무 높거나 낮은 수준이면 통화 가치가 불안정하다는 평가를 받고, 국제적인 신뢰를 얻기 힘들어.

그러니까 환율이 실제 가치보다 낮게 평가되어 있다면 환율이 내려서 가치가 올라가는 게 좋고, 실제 가치보다 높게 평가되어 있다면 환율이 올라서 가치가 내려가는 게 좋아. 하지만 이건 이론적인 표현이고, 어느 정도의 환율 수준이 가장 좋은지는 경제전문가들 사이에서도 의견이 다를 때가 많아. 그래서 같은 환율을 놓고 환율이 더 올라야 한다, 더 내려야 한다면서 논쟁을 벌이기도 해.

현우 어떻게 경제전문가들 사이에서도 의견이 다르지?

신기 환율이 변하면 한 나라 경제활동에 영향을 주는데, 무엇을 중요시 하느냐에 따라 의견이 달라지는 거야. 예를 들어, 환율이 오르면 수출은 늘어나지만 물가는 불안해져. 그래서 수출을 중요하게 생각하면 환율이 올라야 한다고 하고, 물가 안정을 우선으로 하면 환율이 내려야 한다고 하는 거지.

쇼미 환율이 내리는 게 좋은지 오르는 게 좋은지 판단하려면 우선 환율 변화가 국가 경제활동에 끼치는 영향부터 따져 봐야겠구나. 환율 변화가 어떤 영향을 주는 거야?

신기 좋아. 우선 환율 변동이 수출에 미치는 영향을 다룬 뉴스를 찾아서 보여 줄게.

앵커 원/달러 환율이 2.5원 내리면서 1,132원 40전을 기록했습니다.

외환 딜러 원/달러 환율은 당분간은 1,100원~1,150원 레벨에서 오르내릴 것으로 보입니다. 지난 6월 1,124원까지 하락했던 환율은 원화 약세가 지속되며 9월에는 1,158원까지 올랐지만 다시 원화 강세로 돌아섰습니다. 미국과 중국의 무역전쟁이 지속되면 미국은 수출경쟁력을 확보하기 위해 달러 약세 흐름을 당분간 유지하려고 할 것입니다. 원화 강세 흐름이 계속되고 하락 폭도 제법 클 것으로 예상되어 1,100원까지 내려갈 가능성이 높습니다.

앵커 원화 강세가 이어질 경우 수출 기업의 어려움은 불가피합니다.

현우 원화 강세가 이어지면 수출 기업이 어려워진다고? 왜?

신기 원화 강세는 환율이 내려간다는 뜻인 건 이미 알고 있잖아. 그런데 환율이 하락해서 원화 가치가 높아지면 수출에 나쁜 영향을 주고, 반대로 환율이 올라가면 수출에 도움을 준다는 거야. 왜 그런지 수출 가격에 환율을 적용해 보자.
1대 수출 가격이 1,000달러인 텔레비전이 있는데 환율이 1,100원이라면 텔레비전 1대를 수출할 때 우리 돈으로 얼마가 되지?

현우 1,000(달러)×1,100(원)=? 백십만 원이야.

신기 그런데 환율이 올라서 1,200원이 되었어. 1대를 수출하면 우리 돈으로는 얼마야?

쇼미 1,000(달러)×1,200(원)=? 백이십만 원.

신기 환율이 100원 올라가니까 텔레비전 1대를 수출하고 받는 돈이 십만 원 많아졌어. 그럼 수출 기업의 이윤은 늘어나지. 텔레비전에 들어가는 부품 일부를 수입한다면 부품 수입 가격도 올라가니까 늘어난 이윤이 십만 원보다 적을 수 있지만 말이야.

그런데 우리 기업만 텔레비전을 수출하는 건 아니야. 한국 기업들이 가전제품을 만드는 기술력은 세계 제일이지만 일본 기업의 기술력도 만만치 않지. 일본 기업도 품질과 디자인 면에서 차이가 없는 텔레비전을 1,000달러에 수출한다고 하자. 그런데 엔/달러 환율은 그대로이고, 원/달러 환율만 올랐다면 어떤 일이 벌어질까?

현우 흠, 바로 떠오르는 생각이 없는데.

신기 더 구체적으로 물어볼게. 원/달러 환율이 올랐으니까 한국 기업이 환율이 오르기 전만큼의 이윤만 원한다면 달러로 매긴 수출 가격을 내릴 수 있을까, 없을까?

쇼미 더 얻게 된 이윤을 포기하면 가격을 내릴 수 있어.

신기 맞아. 제품의 달러 가격을 내리더라도 환율이 올랐으니까 원화로 환산했을 때 이전보다 이윤이 적어지지 않는 지점이 있을 거야. 그 가격이 950달러라고 해 보자. 그래서 한국 기업

이 수출 가격을 1,000달러에서 950달러로 내렸어. 그런데 엔/달러 환율은 변하지 않아서 일본 기업은 예전처럼 1,000달러 가격 그대로 팔아.

너희가 텔레비전을 사려는 외국의 소비자라면 1,000달러짜리 일본 제품을 살래, 950달러 한국 제품을 살래?

현우 일본 제품 마니아거나 한국 제품을 아주 싫어하는 사람이 아니면 당연히 한국산 텔레비전을 사지.

신기 일본산 대신 가격이 싸진 한국산 텔레비전을 사게 되는 건 한국 제품의 가격경쟁력이 높아졌기 때문이야. 즉, 환율이 오르면 우리 수출품의 가격경쟁력이 높아져 수출이 늘어나게 돼. 수출이 늘어나면 국내 기업의 생산이 늘어날 여력이 생겨. 생산이 늘어나면 일자리가 늘어나게 되어 경제활동이 더 활발해지지.

환율이 오르면 물가가 불안해져

쇼미 이상하네. 일자리가 늘어나지 않아 큰일이라고 하는데 수출이 늘어나서 생산이 활발해지고 일자리가 늘어난다면 당연히 환율이 오르는 게 좋잖아. 그런데 뭐가 문제야?

신기 아까 찾아본 뉴스를 다시 보자. "미국과 중국의 무역전쟁이 지속되면 미국은 수출경쟁력을 확보하기 위해 달러 약세 흐름을 당분간 유지하려고 할 것입니다"라는 구절이 있어. 미국 정부는 수출경쟁력을 높이기 위해 달러화 가치가 내려가는 걸 원한다는 말이야. 이처럼 환율이 오르면 수출이 늘어나는 효과를 누리려고 많은 나라 정부들이 자기 나라 통화의 실제 가치보다 통화 가치가 낮아지는 걸 원하는 경향이 있어.

하지만 환율이 오르면 물가에는 나쁜 영향을 미쳐서 소비가 줄어들 수 있어. 소비가 줄면 생산이 줄어드니까 수출이 늘어난다고 환율이 올라가는 걸 마냥 좋아할 수는 없단다.

현우 참 알쏭달쏭하네. 역시 경제는 어렵구나.

신기 어렵긴 하지. 머리를 식힐 겸 재미있는 이야기를 해 줄게. 미국의 33대 대통령인 해리 트루먼(Harry S. Truman)은 팔이 하나뿐인 경제학자(a one-handed economist)가 자기 곁에 있으면 좋겠다고 푸념했대.

쇼미 왜 그런 엉뚱한 말을 했어?

신기 트루먼 대통령이 경제학자에게 자문을 구하면 그들은 항상 '한편으로는(on the one hand) 이렇고, 다른 한편으로는(on the other hand) 저렇다'라고 했어. '이렇게 하면 됩니다'라고 말하면 좋은데, 또 다른 한편을 들먹이니까 언제나 최종 선택은 자신의 몫이 되어 골치가 아파서 그런 거지. 실제로 경제문제를 해결하는 방법은 '1+1'의 답이 '2'밖에 없는 수학처럼 하나의 정답만 있는 게 아니야. 누구나 최선이라고 판단했던 해결 방법이 예상치 못했던 작은 요인 탓에 전혀 다른 결과를 낳을 수 있거든. 그래서 아무리 뛰어난 경제전문가라도 예언자처럼 미래의 경제 상황을 정확히 예측할 수 없어.

현우 그렇다면 어려운 경제를 괜히 공부할 필요가 없네.

신기 그건 아니지. 경제를 알면 모르는 사람보다 당면한 경제문제를 해결하는 데 합당한 방법을 찾을 가능성이 커지니까. 우리는 아침에 눈을 떠서 잠들 때까지의 모든 활동이 경제활동인 세상에서 살고 있어. 경제를 모르면 잘못된 결정을 내려서 큰 어려움을 겪게 될 확률이 훨씬 높아.

쇼미 옳은 말씀! Show me the other hand. 현우야, 환율이 오르면 왜 물가가 불안한지 들어 보자고.

신기 쇼미가 환율이 1,100원이었을 때 용돈을 모아 60달러인 가방을 해외 직구로 살 예정이었는데 환율이 1,200원이 되었다고 하자. 그래도 살까?

쇼미 60(달러)×1,100(원)=66,000(원)이고 60(달러)×1,200(원)=72,000(원)이니까 육천 원 더 주어야 하네. 내가 정말 갖고 싶었던 가방이라면 용돈을 육천 원 더 모아서 살 것 같고, 그게 아니라면 육만 원대로 살 수 있는 다른 예쁜 가방을 찾아볼 것 같아.

신기 해외 직구도 수입의 한 종류야. 쇼미 말처럼 환율이 올라가면 수입을 포기하는 일이 생겨서 수입은 줄어들게 돼.

환율상승으로 물가가 올랐습니다.

현우 지금 환율이 올라가면 수입은 줄어든다는 말을 하는 거잖아. 앞에서 한 이야기까지 더하면 '환율이 올라가면 수출은 늘어나고 수입은 줄어든다'고. 원래 하려던 이야기는 '환율이 오르면 물가가 불안해진다' 아니었어?

신기 맞아. 환율이 올라서 비싸다고 느껴지면 사지 않아도 되는 수입품이 있지만 환율이 올라서 비싸져도 꼭 사야만 하는 것이 있지. 예를 들어, 국내에서 전혀 생산되지 않는 원유는 비싸도 수입해야만 해. 또 수입산이 국내산보다 훨씬 저렴한 농수축산물의 경우도 마찬가지야. 슈퍼에 가서 국내산 당근과 수입산 당근, 국내산 콩으로 만든 두부와 수입산 콩으로 만든 두부의 가격을 비교해 봐. 국내산 가격이 수입산 가격의 두 배가 넘어. 환율이 두

배가 되면 몰라도 그렇지 않으면 계속 수입할 거야. 하지만 환율이 올라서 돈을 더 주고 수입했으니 소비자에게 파는 가격은 올라가지.

소미 원유나 수입산 농수축산물의 가격이 오르면 물가가 불안해져?

신기 물가는 여러 재화와 서비스의 가격을 종합해서 평균한 건데, 국내에서 생산되는 재화나 서비스의 가격이 오르지 않아도 수입하는 재화와 서비스의 가격이 올라가면 물가는 올라가게 되지. 더구나 원유는 중요한 에너지 자원이자 석유화학 산업은 물론이고 각종 산업에서 필수적인 자원이라 가격이 올라가면 우리 경제에 미치는 영향은 막대해. 또 한국은 식량자급률이 낮아서 수입 농수축산물 가격이 인상되면 장바구니 물가는 금방 영향을 받아.

식량자급률은 국내에서 소비하는 식량의 공급량 중에서 국내에서 생산하는 양이 차지하는 비율이야. 농림축산식품부의 자료에 따르면 한국의 식량자급률은 2010년 이후 계속 40퍼센트대에 머물러 있어.

쇼미 휴, 환율은 오르는 게 좋은지 내리는 게 좋은지 판단하는 게 쉽지가 않구나.

경제가 불안하면 환율이 폭등해

현우 좀 있으면 조식을 먹을 시간이니 슬슬 나갈 준비를 해야지. 오늘 배운 걸 정리하면 "환율이 오르면 수출은 늘어나지만 수입은 감소하고, 국내 생산은 증가하지만 물가는 올라간다."

쇼미 이렇게 놀라울 수가! 달라졌어, 달라졌어. 현우가 달라졌어.

현우 우하하. 쇼미가 날 칭찬할 때도 있네. 경제 공부를 하면서 내가 좀 변하기는 했어. 예전에는 맛난 음식을 보면 먹기 바빴는데, 어제 저녁을 먹을 때는 가격을 따져 보게 되더라고.

쇼미 현우가 환율이 오를 때 경제에 미치는 영향을 정리했으니, 난 환율이 내릴 때를 말해 볼게. "환율이 내리면 수출은 감소하고 수입은 증가한다. 국내 생산은 줄어들지만 물가는 안정된다."

신기 둘이 주거니 받거니 아주 잘하네.

현우 어제 누나가 해외여행하면서 음식이나 물건의 가격 수준은 현지 가격에 환율을 곱하면 짐작할 수 있다고 했잖아. 환율이 오르면 우리 돈으로 환산한 가격은 올라가는 거지? 우리처럼 해외여행을 할 때는 환율이 오르면 돈이 더 필요하게 되네.

신기 그렇지. 외화로 환전하는 데 돈이 더 들어가니까 환율이 오르면 해외여행을 덜 하거나 여행을 하더라도 외국에서 외화를 더 아껴 쓰게 될 거야.

쇼미 아하, 옆집 아주머니가 엄마에게 환율이 올라서 머리가 아프다고 했던 이유를 이제 알았다. 옆집 오빠가 유학 중이거든. 오빠한테 생활비랑 학비 보낼 때 환율이 오르면 돈이 더 들어가니까 머리가 아픈 거였어.

신기 그래. 달러를 사야 하는 사람은 환율이 오르면 걱정이고, 내리면 신이 나. 반대로 팔아야 하는 사람은 오르면 신이 나고, 내리면 속상하지.

환율은 올라도 장단점이 있고, 내려도 장단점이 있어. 너희가 정리한 것처럼 환율이 올라가면 수출에는 유리해서 생산이 활발해지는 효과가 생기지만, 물가는 뛸 위험이 있어. 반대로 내려가면 수출이 줄어들고 경제가 침체될 우려가 있지만, 물가 걱정은 덜게 돼. 그러니까 환율은 그 나라의 경제 상황이나 통화 가치를 잘 반영하고, 경제활동에 큰 충격을 주지 않는 범위 내에서 자연스럽게 오르내리는 게 좋아.

환율만 일방적으로 경제에 영향을 주는 것은 아니고, 경제 여건 또한 환율에 영향을 줘. 시장에서 상품과 서비스의 거래가 자연스럽게 이루어지면 수요와 공급이 만나는 점에서 적절한 가격이 형성되는 것처럼 외환시장도 마찬가지야. 환율이 상승해서 수출이 늘어나고 수입이나 해외여행이 줄어들면 외환의 공급과 수요는 변해. 어떻게 변할까?

현우 수출이 늘면 외환 공급이 늘고, 수입이나 해외여행이 줄면 외환 수요가 줄어.

신기 그럼 환율은 어떻게 되지?

쇼미 외환 공급은 늘고 수요는 줄면 환율이 하락하지.

신기 환율이 하락해서 다시 수출이 줄고 수입이나 해외여행이 늘면 외환 공급이 줄고 수요가 늘어날 거야. 그러면 환율은 다시 상승해. 이처럼 경제 상황에 따라 환율이 변하고, 환율의 변동은 또 경제 상황을 변하게 만들어. 이런 일이 반복되며 수요와 공급에 따라 상품이나 서비스의 가격이 변하는 것처럼 환율도 외환의 수요와 공급에 따라 오르락내리락하지.

현우 누나가《시장과 가격 쫌 아는 10대》이야기를 마치면서 환율을 알아야 1997년 외환위기를 이해할 수 있다고 했지? 그때는 그냥 흘려들었는데 이제 환율에 대해 조금 알게 되니 새삼 궁금해지네. 한 번 더 들려줄 수 있어?

신기 그러지 뭐. 1997년 외환위기 당시에는 나도 어려서 무슨 일이 일어났는지 몰랐어. 대학생이 되어 한국 경제의 역사를 공부하면서 정말 힘들고 가슴 아팠던 사건이었다는 걸 알았지. 1960년대 초반부터 1990년대 중반까지 한국은 세계에서 가장 빠른 경제 성장을 이룬 나라야. 하지만 급히 먹는 밥이 체한다고 성장 속도가 너무 빠르다 보니 문제점도 생겼어. 그중 하나가 우리 기업들은 다른 나라 기업들에 비해 돈을 훨씬 많이 빌려서 회사를 꾸려 왔다는 거였어. 겉으로는 그럴싸했지만 빚을 갚고 나면 빈껍데기만 남는 기업도 많았지. 그런데 1997년 초 제법 알려진 대기업들이 부도를 내는 일이 이어졌어. 한국 기업에 돈을 빌려준 외국 투자자들은 혹시 빌려준 돈을 되돌려 받지 못할까 봐 걱정했지. 엎친 데 덮친 격으로 1997년 7월부터 태국, 인도네시아, 말레이시아 등

외국의 투자자로부터 빌린 돈을 외채라고 하는데, 1997년 11월 말 기준으로 한국의 외채는 1569억 달러 정도였고, 그중 1년 안에 갚아야 하는 빚은 922억 달러였어. 1997년 한국의 총 수출액이 1361억 달러였음을 감안하면 외채의 규모가 상당했지.

다른 아시아 국가들의 경제 상황도 아주 불안해졌어. 아시아 경제 전체를 위험하다고 봤던 외국 투자자들은 서둘러 아시아에 투자했던 자금을 회수해야 한다고 판단하고 홍콩과 한국 시장에서 주식을 팔기 시작했어. 또 우리 금융회사나 기업에게 대출 만기일, 즉 돈을 빌려줄 때 갚기로 한 날이 되면 돈을 꼭 갚으라고 아우성을 쳤지.

소미 빌린 돈을 갚기로 한 날에 갚는 건 당연하잖아. 돈을 빌린 금융회사나 기업들이 갚을 돈을 준비했을 텐데, 뭐가 문제야?

신기 그런 질문을 하다니 아주 예리한데. 전에는 외국 투자자들은 대출 만기일에 이자만 받고 원금은 다시 빌려줬거든. 그래서 새로 대출을 받아 전에 진 빚을 갚으면 되니까 원금 갚을 돈을 따로 마련하지 않았어. 1997년에도 당연히 그럴 거라고 여겼는데 갑자기 돈을 갚으라고 했던 거야.

현우 그렇다면 대출이 문제였는데, 왜 외환위기라고 해?

신기 역시 아주 예리한 질문이야. 기업들이 한국 안에서 빌린 돈을 갚지 못해서 생긴 문제가 아니었거든. 외국인들이 한국 주식시장에서 주식을 팔고 받은 돈을 해외로 보내려면 외환으로 바꾸어야 하고, 외채도 외환으로 돌려주어야 해. 그래서 외환의 수요가 갑자기 늘어나 사태가 심각해진 거라 외환위기라 하는 거야. 외환 수요가 한꺼번에 몰리자 환율은 계속 올라갔어. 1997년 초 860원대였던 환율은 8월에 900원, 10월

말에 960원, 11월 10일에 1,000원을 넘었지.

외환시장에서 달러의 수요는 넘치는데 공급은 없으니까 정부는 외환보유액을 풀어 외화를 공급했지만 상황은 더 나빠졌어. 외환보유액은 한마디로 외환으로 가지고 있는 나라의 비상금이야. 갑자기 환율이 급등할 때 정부가 외환을 공급하여 환율이 오르는 걸 진정시키려고 나라마다 적정한 수준의 외환을 준비해 두고 있어. 그런데 우리 정부의 외환보유액이 거의 바닥이 났다는 사실이 알려지며 경제는 공황 상태가 된

거야. 방법은 단 하나, IMF(국제통화기금)에서 외화를 빌리는 수밖에 없었어. 이를 위해 숨 가쁘게 협상이 이루어졌고, 11월 21일 정부는 외환위기 탈출을 위해 IMF에 구제 금융을 신청할 거라고 발표했어. 구제 금융이란 외국에서 빌린 돈을 갚지 못하게 된 나라가 돈을 갚지 못한다는 파산 선언을 하는 대신 도움을 요청하면 일정한 조건을 제시하면서 돈을 빌려주는 거야.

쇼미 그래서 위기를 탈출했어?

신기 아니. 힘든 이야기를 하려니까 내가 다 숨이 차네. 잠시 숨 좀 돌리자.

한동안 상황은 더 심각했어. IMF는 돈을 빌려주며 위기 수습을 진두지휘하는 일은 자기들이 맡는다는 조건을 내세웠거든. 고정환율제와 변동환율제를 설명하면서 1997년 12월 16

IMF는 1945년 환율 감시와 금융 지원을 목적으로 만들어진 국제금융기구야. 회원국의 환율정책이나 외환제도를 지켜보면서 시장질서에 어긋나면 고칠 것을 요구하고, 회원국에서 일시적인 국제수지의 불균형(적자)으로 외환위기가 발생하면 이를 극복할 수 있도록 자금을 빌려주기도 해.

일부터 외환의 수요공급에 따라 환율이 정해지는 완전한 변동환율제가 실시되었다고 했던 말을 기억하니? 그건 IMF의 요구 사항 중 하나였어. 12월 초 IMF 구제 금융 일부가 들어왔지만 12월 10일 거의 1,600원이었던 환율은 1997년 12월 23일에는 1,995원까지 뛰었지.

현우 엥, 11월 10일 1,000원이라고 했는데 한 달 반 만에 거기에서 또 배나 뛴 거네.

쇼미 헉, 놀랍다! 그런데, IMF는 왜 완전한 변동환율제를 실시하라는 조건을 내건 거야?

신기 정부가 하루 환율 변동 폭을 제한하면 환율이 외환시장의 수요와 공급을 제대로 반영할 수 없으니까 환율제도를 바꾸라고 했던 거야. 그리고 IMF는 모든 금융회사나 기업을 살리려고 하면 위기 수습이 더 힘들어지니까 경쟁력이 없는 금융기관이나 기업은 쓰러뜨리는 정책이 필요하다고 처방했어. 그래서 이자율을 엄청나게 올리자 빚이 많았던 기업들은 버티지 못하고 문을 닫게 되었어. 기업의 파산으로 빌려준 돈을 돌려받지 못해 문제가 생겼던 일부 금융회사도 문을 닫았지. 이런 극심한 경제 혼란으로 수많은 사람들이 일자리를 잃었어.

현우 참 슬프고 가슴 아프다. 환율은 다시 내려갔어?

신기 응. 1998년 1월 초까지 거의 2,000원 수준이다가 1998년 2

월 초 1,500원대, 8월 말 1,300원대로 내려갔어.

쇼미 외환위기를 미리 막을 수는 없었던 거야?

신기 나도 외환위기를 알게 되었을 때 미리 대처했으면 좋았을 거라는 생각을 했어. 지나간 일은 어쩔 수 없고 이제는 위기를 관리하는 제도가 많이 만들어졌으니 다시 그런 일을 겪진 않겠지. 나라의 비상금인 외환보유액도 많이 늘었고.

쇼미 환율을 처음 공부할 때는 외환 딜러가 되고 싶었어. 그런데 외환위기 이야기를 듣고 나니까 경제학자가 되고 싶네. 경제 상황을 분석하고 적절한 조치를 제안하면 나라를 구하는 거잖아.

신기 좋아, 좋아. 외환 딜러도 좋고 경제학자도 좋고 다 좋아. 일단 열심히 경제 공부를 하고 뭐가 더 적성에 맞는지 생각해 봐. 둘 다 경제를 잘 알아야 하지만 외환 딜러는 순간적인 판단력과 결단력을 필요로 하고, 경제학자는 길게 보는 안목이 더 필요하거든.

5

없으면 필요하고, 필요하면 무역하고

나라와 나라 사이에

이루어지는 국제거래

신기 와우, 저기 암스테르담 국립해양박물관(The National Maritime Museum)이 보인다!

현우 잉, 실망이다. 친구들이 보고 놀랄 사진을 찍고 싶었는데. 으리으리한 성당이나 근사한 성이 아니고 평범한 건물이네. 그 옆에 있는 작은 배는 또 뭐야. 하필이면 왜 제일 먼저 여기로 온 거야?

신기 보기엔 저래도, 저 배에 담긴 이야기를 들으면 실망이 경탄으로 바뀔걸. 네덜란드의 뜻은 '바다보다 낮은 땅'이야. 해발 1미터를 넘는 땅은 국토의 절반뿐이고 6분의 1은 바다보다 낮은 곳을 메꾸어 만든 땅이지. 그래도 국토 면적이 한국의 절반도 안 돼. 옛 항구 근처인 이곳도 갯벌에 1800개의 나무 기둥을 박아서 만든 인공 섬이야. 역사도 길지 않아서 1581년 스페인 통치에 저항했던 북부 7개주가 독립을 선언하면서 세워져 1648년에야 국제적으로 독립을 인정받았지. 그런데 17세기 네덜란드는 세계 최고의 경제력과 문화 수준을 지녔던 황금기(Golden Age)를 이루었어. 놀랍지?

쇼미 풍차의 나라 정도로 알고 있었는데, 굉장한 나라구나.

신기 17세기 네덜란드는 배를 만드는 조선업과 화물을 운송하는 해운업에서 월등한 경쟁력을 가졌어. 이를 기반으로 무역에서 뛰어난 역량을 발휘했지. 네덜란드 상인들은 북해와 지중해는 물론이고 아프리카를 돌아 아시아까지 진출해 무역을 했단다. 17세기 중엽 세계 무역선은 2만 1000척이었는데, 그중 1만 5000척이 네덜란드의 배였대. 무역선 수로만 보면 네덜란드가 세계 무역의 70퍼센트 정도를 담당한 거야. 저 배는 1749년 폭풍을 피해 영국 해안에 정박했다가 진흙 속으로 침몰했던 동인도회사의 암스테르담호를 복원한 거래.

현우 누나, 잠깐. 무역은 상품의 수출과 수입을 합친 말이지? 네덜란드처럼 작은 나라에서 뭐 그리 수출하고 수입할 게 많아서 세계 최고의 무역국가가 되었지?

신기 무역이라고 하니까 나라 안에서 생산한 상품을 다른 나라에 팔고 필요한 상품을 다른 나라에서 사 오는 것만 생각하는구나. 네덜란드는 작은 나라니까 생산이나 소비가 다른 나라에 비해 많지 않았을 텐데 무역량이 많았다는 사실이 이상한 거지? 자기 나라에서 소비하기 위해서가 아니라 되팔기 위해 이루어지는 나라와 나라 사이의 거래도 무역이야. 네덜란드 사람들은 다른 나라의 상품을 사서 이를 또 다른 나라에 파는 일을 주로 했어.

현우 네덜란드 사람들이 자기들이 필요해서 물건을 사고판 게 아니라 사려는 사람과 팔려는 사람을 연결해 주고 그 이익을 가져갔다는 거네. 근데 그게 왜 네덜란드였을까? 네덜란드가 나라와 나라를 잇기에 지리적인 조건이 좋았나? 그리고 네덜란드를 거치지 않고는 두 나라가 직접 사고팔 수 없는 이유가 있었어?

신기 지리적 조건이 좋았던 건 아니야. 우선 옛날 무역은 어떻게 이루어졌는지 설명하고, 다음에 왜 네덜란드가 나라와 나라를 잇는 무역을 장악하게 되었는지 알려 줄게.

원래 무역이라는 말은 다른 지역의 사람들 사이에 이루어지는 물품 거래를 뜻하는 말이었어. 무역이 절실해졌던 건 구리와 주석의 합금인 청동을 만드는 기술이 알려지면서부터야. 청동은 도구와 무기를 만드는 데 획기적인 금속이라 구리와 주석이 생산되지 않는 곳들이 다른 데서라도 이를 구하려고 했거든. 상품을 생산하는 사람과 소비할 사람 사이에 직접 거래가 이루어진 건 아니고 상인들이 상품의 생산지에서 물건을 사서 싣고 다른 지역의 시장으로 가서 팔면, 이를 다른 상인들이 사서 또 다른 지역으로 가져가 파는 식으로 이루어졌지. 이렇게 여러 상인의 손을 거치다 보니 계속 웃돈이 붙어서 나중에는 가격이 엄청나게 올라갔어. 중간 상인 역할을 했던 이슬람 상인과 이탈리아 상인들은 많은 돈을 벌 수 있었고.

현우 아하, 그래서 유럽에서 후추 가격이 금가루 가격과 비슷했다는 거구나.

쇼미 현우는 미식가라 음식 관련 이야기는 잘 아네.

신기 중간 상인을 거치다 보면 가격이 비싸지니까 15세기 스페인과 포르투갈 사람들이 아시아와 직접 무역을 하려고 새로운 항로를 찾아 나섰어. 콜럼버스의 아메리카 대륙 발견이나 마젤란의 세계 일주는 이런 과정에서 만들어진 역사야.

현우 탐험 자체가 목적이 아니었어?

신기 아시아와 직접 무역을 하려면 그리로 가는 항로를 찾아야 했고, 이를 갈망했던 두 나라 왕실이 적극 지원했기 때문에 탐험이 가능했던 거야. 두 나라는 결국 새 항로를 찾았고, 16세기부터 배를 타고 직접 아시아까지 가서 무역을 했지.

쇼미 그런데 어떻게 네덜란드가 끼어들었어?

신기 배를 탄다는 건 아주 위험한 일이잖아. 큰돈을 벌 수 없어도 그런 위험을 감수할까? 스페인과 포르투갈은 정부가 무역을 주도해서 상인들에게 돌아가는 몫이 적었어. 그런데 네덜란드 정부는 1602년 세계 최초로 주식회사 형태로 동인도회사를 만들고, 동인도회사에 무역 독점권과 외국과의 조약 체결, 전쟁 선포, 요새와 상업시설 건설, 군인 충원 등 국가 기능을 대신할 수 있는 권한을 주고 자유로이 무역을 하게 했어. 상인들이 위험을 무릅쓰고 무역에 뛰어들 환경을 만들어 준 거야.

주식회사는 주식을 팔아서 자본금을 마련해 만든 회사야. 주식회사의 주식을 가지고 있는 사람이나 단체를 주주라고 해. 주식회사의 경영에 모든 주주가 참여하는 건 아니고, 주주들이 뽑은 경영자가 이를 맡고 있어. 하지만 주주들은 경영에 대한 의견을 나타낼 권리를 가지고 있어서 중요한 문제를 결정할 때 주주총회에서 자신들의 의사를 밝혀.

네덜란드가 무역을 장악할 수 있었던 또 다른 이유는 저기 암스테르담호 같은 모습의 배를 개발했기 때문이야. 배 양옆을 불룩 튀어나오게 하여 화물을 더 싣고, 갑판은 아주 좁게 만들어 출발과 정지가 쉽고, 폭풍우에 잘 견디고, 속력은 더 빨라지게 했어. 그렇지만 배를 생산하는 비용은 오히려 줄였기 때문에 다른 나라들은 네덜란드의 화물 운송 경쟁력을 따라잡을 수 없었어.

현우 알고 나니 저 배가 대단하게 느껴져.

신기 네덜란드 이야기를 하다가 무역의 영역이 넓어진 이야기를 하는 걸 깜박했네. 오랫동안 무역은 서로 다른 나라 사이에서 이루어지는 상품 거래만을 뜻했어. 그런데 1990년대 무역은 상품의 거래인 보이는 무역(visible trade)뿐만 아니라 기술과 서비스와 같은 보이지 않는 무역(invisible trade)으로 확대되었어. 그래서 무역이 서로 다른 나라 사이에 이루어지는 상품과 서비스 거래는 물론이고 노동과 자본 거래까지 모두 포함하는 말로 사용되었어. 요즘은 다른 나라 사이의 상품 거래는 무역이라고 하고, 나라와 나라 사이에 일어나는 모든 거래를 주로 국제거래라고 할 때가 많아.

쇼미 잠깐, 박물관에 다 왔어. 전시물에 대한 설명을 제대로 이해하지 못하면 어쩌지?

현우 나도 걱정이야.

신기 난 다 이해할 수 있어.

쇼미 와, 언니 영어 실력이 그렇게 대단해? 부럽당.

신기 하하하. 박물관의 하이라이트를 한국어로 듣는 무료 오디오 투어가 있거든. 오디오 투어가 가능한 11개 언어에 한국어가 포함돼. 감동이지?

바나나가 자라는 나라, 바나나를 먹고 싶은 나라

현우 누나, 하필 왜 여기 왔느냐고 했던 말 취소할게. 황금기는 운이 좋아 얻어진 게 아니란 걸 확실히 알았어.

쇼미 정말 네덜란드를 제대로 알고 싶다면 꼭 들러 봐야 할 곳이야. 난 폭풍우가 몰아치는 바다와 배 그림을 보면서 사투를 벌였을 사람들이 떠올라 오싹했어.

현우 왕실에서 사용했던 배는 진짜 화려하더라. 배의 장식물을 금으로 번쩍이게 할 정도면 네덜란드는 정말 부자였나 봐.

쇼미 다른 나라 사람들이 무역을 좋아했으니까 네덜란드가 최고 부자 나라가 되었던 거 아닐까? 왜 사람들은 무역을 좋아했을까?

신기 무역을 좋아했다기보다는 무역이 필요했던 거지. 구리와 주석의 합금인 청동을 만드는 기술이 알려지면서 무역이 절실해졌다고 했지? 식량을 더 확보해서 굶주림에서 벗어나고, 적의 침입으로부터 삶의 터전을 안전하게 지키려면 효율적인 농기구와 무기가 있어야 해. 이런 도구를 만드는 데 최고의 금속은 청동이야. 그런데 구리와 주석이 없어서 만들 수 없다면 당연히 이를 비싼 값을 치르고라도 사고 싶겠지. 또 바다에서 먼 지역에서는 해산물을 얻을 수 없고, 바다가 가까운 지역은 땅이 척박하고 바람이 심해서 자라지 않는 곡식들이 있어. 이처럼 자연환경이 달라서 생산할 수 있는 천연자원이나 농수산물이 다르기 때문에 무역을 했던 거야.

지금도 국제거래가 일어나는 첫째 이유는 나라마다 처한 조

왕실에서 사용했던 배.
배의 장식물을 금으로 제작했을 정도로
당시 네덜란드는
무역 최강대국임을 자랑했다.

건이 다르기 때문이야. 자연환경이 달라서 생산물의 종류나 양이 차이가 나서 남는 자원은 수출하고 필요한 자원은 수입하는 거지.

현우 만약 무역을 하지 않는다면 내가 좋아하는 바나나를 수입할 수 없어. 혹시 따뜻한 제주도에서 재배할 수 있을까?

쇼미 바나나야 먹지 않아도 돼. 하지만 우리나라에서는 원유가 한 방울도 안 나는데 수입할 수 없다면 정말 난리가 날 거야. 당장 자동차를 탈 수 없잖아.

신기 처음에는 큰 혼란이 올 거고, 나중에는 적응해서 살아가는 방법을 찾아낼 거야. 예를 들면 휘발유나 경유 대신 다른 에너지를 이용하는 교통수단이 자리 잡게 되겠지. 하지만 무역을 하지 않으면 생활하는 데 필요한 돈이 엄청 늘어나 살기 고달파질 건 틀림없는 사실이야.

현우 왜 생활비가 더 많이 필요해져?

신기 나라마다 자연환경만 다른 건 아니야. 나라마다 생산요소의 양과 질도 다르거든.

쇼미 생산요소가 뭐야?

신기 생산요소는 재화나 서비스를 생산하는 데 꼭 필요한 것을 말해. 사람의 노동, 자연에서 얻은 자원, 그리고 자본 이 세 가지를 생산의 3요소라고 하지. 주식회사가 많아지면서 자본과 경영이 분리되고, 생산 기술의 중요성이 커지면서 경영과 기술을 합쳐서 생산의 4요소라고 부르기도 해.

나라마다 노동력과 자본, 기술력이나 산업화 수준이 다른데, 이런 생산요소를 가장 효율적으로 사용하는 방법은 나라마다 비교우위가 있는 상품을 생산해 수출하고 그렇지 않은 상품은 수입하는 거야. 그래서 노동력이 풍부한 나라는 사람 손이 많이 가는 상품을 생산하고, 자본이 풍부하고 기술력이 뛰어난 나라는 첨단 산업 제품을 주로 생산해.

현우 그래서 우리가 옷이나 신발, 장난감을 중국보다 잘 만들 수 있어도, 시장에 'Made in China' 제품이 판을 치는 거구나.

신기 맞아. 국내 생산보다 수입이 유리한 제품이라면 직접 생산하지 않고 수입하니까. 전자제품도 한 나라에서 여러 종류의

다른 나라보다 상대적으로 더 잘 생산할 수 있는 걸 **비교우위**라고 해. 한 나라가 모든 상품을 다른 나라보다 낮은 비용으로 생산하더라도 상대적으로 유리하게 생산하는 걸 말하지. 한국은 텔레비전과 선풍기를 480달러와 18달러에 생산하고, 베트남은 각각 600달러와 20달러에 생산한다고 하자. 한국의 텔레비전 생산비는 베트남의 80퍼센트, 선풍기는 90퍼센트로 둘 다 저렴하지만, 상대적으로 유리한 텔레비전이 비교우위의 상품인 거야.

제품을 만들지 않고 전문화하여 특정 제품을 만들어 수출하고, 다른 것은 수입하는 것이 유리할 때가 많아. 그런데 국제 거래가 이루어지지 않고 자기 나라 안에서 모든 상품을 생산해야 한다면 어떻게 될까?

쇼미 저렴하게 살 수 있었던 수입품 대신 가격이 높더라도 국내 생산품만 사야 하니까 생활비가 엄청 늘어나게 될 것 같아.

결제수단이 은화에서 파운드로, 파운드에서 달러로

현우 갑자기 궁금한 게 생겼어. 무역을 하면 돈을 주고받아야 되잖아. 옛날에도 나라마다 사용하는 돈이 달랐을 텐데 어떤 돈을 주고받았지?

쇼미 물물교환을 했나?

신기 쇼미 말대로 아주 초기의 무역은 물물교환으로 이루어졌어. 그러다가 금이나 은 또는 가치가 있다고 서로가 인정하는 금속을 주고받으며 거래하게 되었지. 13세기부터 지중해 무역의 강자였던 베네치아는 금화와 은화를 만들었는데, 이 화폐는 다른 나라와 무역을 할 때도 사용되었어.

현우 유럽과 아시아가 직접 무역을 하게 되었을 때는?

신기 통화가 강하다는 건 달러화처럼 국제거래에서 자주 사용되고, 어느 나라에서든지 자유롭게 교환할 수 있고, 통화 가치가 안정되어서 국제적인 신뢰를 받는 거라고 했었지? 그래서 달러화처럼 세계적으로 통용되어 국제거래를 할 때 주로 사용되는 통화를 기축통화라고 해. 세계 최초의 기축통화는 스페인 은화라고 할 수 있어.

1483년 오스트리아에서 만든 은화를 보고 다른 유럽 국가에서도 은화 발행에 대한 관심이 높아졌어. 그래서 스페인 제국도 1497년 은화를 발행했지. 유럽과 아시아가 직접 무역을 하게 되었던 초기에 유럽의 생산품에 흥미를 느끼지 못했던 중국은 무역에 큰 관심을 보이지 않았어. 그런데 스페인이 은화로 결제한다는 조건을 내세우자 태도가 달라졌다고 해.

쇼미 중국 사람들이 은화를 좋아했나 봐.

신기 당시 중국의 화폐는 은이었거든. 새 항로 발견 이후 유럽과 아시아의 무역이 활발해진 건 스페인 은화 덕분이라고 할 수 있어. 돈을 주고받을 수 없으면 무역을 할 수 없잖아.

현우 네덜란드가 세계 무역을 장악한 후에도 스페인 은화가 사용되었어?

신기 16세기에 스페인이 기를 쓰고 멕시코를 정복했던 건 바로 은 때문이었어. 이곳에 엄청난 양의 은이 묻혀 있다는 걸 알게 되었거든. 멕시코를 지배하게 된 스페인은 자기 나라로 은을 싣고 와 은화를 만들었다가 1535년에는 멕시코에서도 은화를 만들었어. 17세기 네덜란드가 무역의 주도권을 잡았을 때는 이미 만들어진 많은 양의 스페인 은화가 무역의 결제수단으로 자리 잡았을 때야. 결제란 거래를 매듭짓기 위해 돈을 주고받는 걸 말해. 그래서 동인도회사도 계속 스페인 은화를 주고받으며 무역을 했어.

1821년 멕시코가 스페인의 지배를 벗어나자 스페인은 은이 부족해져 은화는 거의 만들지 못했어. 대신 독립국가가 된 멕시코에서 멕시코 은화를 만들었지. 그래서 이미 만들어진 스페인 은화와 새로 만들어진 멕시코 은화가 결제수단으로 사용되었어.

쇼미 지금은 무역을 할 때 주로 달러화를 주고받는다고 했는데, 은화 다음에 바로 달러화가 무역의 결제수단이 되었어?

신기 기축통화의 위치가 은화에서 바로 달러화로 넘어간 건 아니야. 19세기 후반부터는 영국 파운드화가 기축통화로 사용되었어. 19세기 들어 여러 나라에서 중앙은행이 화폐를 발행하는 제도가 자리 잡으며 은행이 만든 지폐와 주화를 사용하게 되었지. 그래서 은화를 주고받는 일이 사라지진 않았어도 세계 무역의 60퍼센트는 영국 파운드화로 결제가 이루어졌어. 당시에는 영국이 세계 최고의 강대국이었으니까.

1497년 스페인 제국에서 만든 은화. 카스티야의 이사벨(Isabel) 여왕과 아라곤의 페르난도(Fernando) 왕의 이름이 새겨져 있다. 이들은 1492년 그라나다를 탈환하여 이슬람교도들에게 빼앗긴 영토를 완전히 회복하고서 가톨릭으로 통일된 스페인 제국을 세웠다.

현우 은화는 그 자체로 가치가 있지만 지폐는 종이나 다름없는데…, 찜찜하지 않았을까?

신기 당시의 영국 파운드화는 종이가 아니라 금이나 마찬가지여서 문제 될 게 없었어. 20세기 초까지는 화폐의 신용을 보장하기 위해 금본위제도를 채택하는 나라가 많았거든. 금본위제도는 중앙은행이 보유하고 있는 금의 한도 내에서만 화폐를 발행할 수 있고, 이 화폐를 중앙은행에 가져가서 금으로 바꿔 달라고 하면 무조건 금을 내주는 제도야. 중앙은행이 마구 돈을 발행하여 경제를 어지럽히는 일을 막기 위해 만들어진 제도이지.

1대
SPAIN
2대
ENGLAND
£
USD
$

쇼미 그럼 언제 기축통화가 달러로 바뀐 거야?

신기 1차 세계대전 이후 경제적 어려움을 겪던 영국은 1931년 금본위제도를 포기했어. 반면 1944년 미국은 잠시 포기했던 달러화의 금본위제도를 부활시켰거든. 그래서 기축통화는 통화의 안정성이 높은 달러화로 바뀌었고, 그것이 오늘날까지 이른 거야.

현우 무역거래를 할 때는 항상 주로 사용하는 결제수단이 있었구나. 그게 은화, 파운드화, 그리고 달러화로 바뀌었고 말이야.

6

이번 선발투수는 자유무역입니다

자유무역 대 보호무역 대 자유무역

신기 여기는 네덜란드 최대 과학박물관인 네모(NEMO) 기술박물관이야.

현우 건물이 특이하다. 바다에 떠 있는 배 같은데.

신기 눈썰미가 제법이네. 현우가 본 대로 배 모양으로 지어진 건물이지.

현우 배고파. 먼저 뭐 좀 먹자.

신기 금강산도 식후경인데, 그러자. 점심은 배의 갑판에 해당하는

옥상 카페테리아에서 먹을 거야.

현우 여기도 딱 내 취향인데.

쇼미 좀 있어 보이는 식당은 모두 자기 취향이래. 네덜란드의 상징은 풍차로 알았는데, 네덜란드 사람들은 배를 제일 소중하게 생각하나 봐.

신기 해상왕국의 후손이니까. 알고 보면 17세기 황금기의 발판은 청어 수출이야. 14세기 네덜란드 최고 생산물은 유럽 사람들의 주요 단백질 공급원이었던 청어였어. 청어는 부패하기 쉬운 생선이라 보관이 아주 중요한데, 빌럼 뵈켈손(Willem Beukelszoon)이라는 어부가 직접 만든 칼로 청어 내장을 단번에 제거하고 머리를 도려 낸 후 소금에 절여 장기간 저장하는 방법을 고안했어. 덕분에 멀리 지중해 연안으로까지 청어를 수출하게 되어 항해술이 발달했지. 그게 조선업과 무역업의 발달로 이어졌던 거야.

현우 소소한 일이 나라의 운명을 바꾸었군.

신기 당시로는 창의적인 일이었지. 네덜란드 사람들은 창의성이 무척 풍부했어. 동인도회사를 세계 최초로 주식회사 형태로 세웠고, 역시 세계 최초로 증권거래소를 세워서 기업이 쉽게 자본을 모을 환경을 조성했지. 화물을 보관하는 창고업도 그들의 작품이야. 네덜란드에서 처음 만든 건 아니지만 은행이나 보험 제도를 발전시켜서 하나의 산업으로 키우기도 했고. 하지만 네덜란드는 세계 최강대국의 위치를 18세기에 영국에 넘겨주게 돼. 1781년 영국의 제임스 와트가 증기기관을 발명했는데, 이로 인해 영국은 기계 발명과 기술 혁신으로 산업혁명을 일으키게 됐거든.

쇼미 네덜란드 해양 역사는 몰랐지만 영국 산업혁명 이야기는 아주 많이 들었어. 산업혁명으로 영국의 공업이 발전하면서 세계 최고의 강대국이 되었다는 거.

신기 산업혁명으로 무역 상황이 어떻게 바뀌었는지 아니? 정부가 무역을 이끌어 나갔든 네덜란드처럼 상인들을 앞세워 무역을 했든, 산업혁명 전까지 유럽 국가들은 모두 국내 산업을 보호하기 위해 수입을 제한하는 보호무역정책을 폈어. 국가의 부는 가지고 있는 금과 은의 양으로 결정되기 때문에 무조건 수출이 수입보다 많아서 들어오는 은이 나가는 은보다 많아야 한다고 생각했거든. 그런데 산업혁명으로 기술력이 향상되면서 공산품 수출에 자신이 생긴 영국은 19세기 중반 자유무역정책으로 돌아섰어. 원료 수입에 대한 관세를 거의 없애고, 공산품 수입의 관세는 크게 낮추고, 곡물 수입의 관세는 아예 폐지했지. 그러면서 다른 나라에게도 무역자유화를 요구했어.

현우 다른 나라도 자유로운 무역을 원했어?

신기 응. 다른 나라도 수출이 수입보다 많아야 한다는 생각을 버렸거든. 영국의 경제학자 애덤 스미스가 국가의 경제 성장은 노동과 자본을 잘 이용해서 생산을 얼마나 효율적으로 하느냐에 달렸다는 걸 밝혀낸 뒤로 말이야. 전에는 학자들이 세상의 부는 일정하게 정해져 있으므로 국가가 부강해지려면 강제로라도 다른 나라의 부를 빼앗아야 한다고 했어. 하지만 애덤 스미스는 효율적인 생산을 통해 국가의 부는 무한히 커

애덤 스미스는 세계 최초로 경제를 전문적으로 다룬 《국부론》을 저술하여 경제학의 아버지로 불려. 1776년 출판된 《국부론》에서 그는 국가의 부강은 국가가 가진 금과 은의 양이 아니라 생산을 얼마나 효율적으로 하는가에 달렸다는 걸 밝혀 경제를 보는 새로운 시각을 제시했어.

질 수 있다고 했지. 또한 시장에서의 자유로운 교환을 중요시했던 애덤 스미스는 무역에서도 자유무역을 지지했어. 나라마다 비교우위에 있는 상품을 전문적으로 생산하여 서로 사고파는 무역이 이루어지면 필요한 상품을 직접 생산하는 것보다 훨씬 비용이 적게 드는 걸 많은 나라가 알게 되자 자유무역에 대한 거부감이 없어졌어. 자유무역이 힘을 받자 세계무역은 아주 활발해졌지.

소미 최근 미국이 보호무역을 외친다고 들었어. 그동안 세계는 계속 자유무역을 했던 거야?

신기 아니. 영국이 자유무역을 주장한 지 얼마 지나지 않아서 세계는 바로 보호무역으로 돌아섰어. 영국보다 뒤늦게 공업화를 이룬 미국과 독일 같은 나라들은 국내 산업을 키우는 게 우선이라고 보았거든. 1879년 독일이 보호관세를 도입하자 영국과 네덜란드, 덴마크를 제외한 대부분 나라들이 뒤따라 관세를 올리며 보호무역으로 돌아섰지. 1차 세계대전 후에는 보호무역에 대한 집착이 더욱 커져서 경쟁적으로 무역장벽을 높였어.

현우 무역장벽? 자유로운 무역을 하는 데 걸림돌이 되는 걸 말하는 거야?

신기 응. 무역장벽은 수입을 막거나 줄일 목적으로 취해지는 모든 조치나 제한을 말해. 가장 대표적인 게 수입품에 매기는 관세야. 국내 생산품보다 저렴한 가격으로 수입을 해도 관세가 높으면 그만큼 가격이 비싸져. 예를 들어, 운동화 전문 판매상이 똑같은 상표와 시리즈의 운동화를 국내에서 공급받으면 26달러, 외국에서 수입하면 운송비용까지 모두 합쳐서 22달러를 내야 한다고 치자. 관세가 10퍼센트와 20퍼센트일 때 수입 운동화의 최종 가격은?

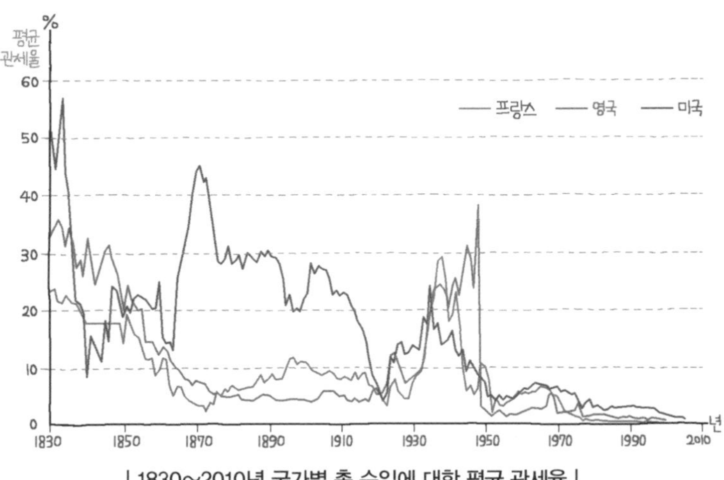

| 1830~2010년 국가별 총 수입에 대한 평균 관세율 |

자기 나라 산업의 국제경쟁력이 변하면 무역정책도 달라져. 1870년대와 1940년대 중반 영국과 미국의 평균 관세율을 비교해 봐. 1870년대 자유무역정책을 폈던 영국은 1940년대 중반 보호무역정책으로 돌아섰고, 미국은 완전 반대지?

쇼미 22(달러)+22(달러)×0.1=24.2(달러), 22(달러)+22(달러)×0.2 = 26.4(달러)

현우 관세가 10퍼센트면 수입품이 싸고, 20퍼센트라면 국내 생산품이 저렴해.

신기 수입을 막는 가장 쉬운 방법이 관세라 무역장벽을 관세 장벽과 비관세 장벽으로 나누기도 해. 비관세 장벽으로는 수입품의 수량을 제한하는 쿼터 제도, 상품 수입에 대한 허가를 요구하는 수입허가제도, 별도로 정해진 기준에 맞는 상품만 수입할 수 있는 제도, 국내 생산물에 대해 보조금을 지급하는 제도 등 여러 다양한 방법이 있어.

쇼미 그러니까 보호무역정책이란 이런 방법들을 동원해서 수입을 막거나 줄이는 거구나.

현우 그럼 언제 다시 자유무역이 힘을 얻었어?

신기 1940년대 후반부터. 1930년대 세계적인 경제 불황과 2차 세계대전을 겪으며 미국과 유럽 국가들은 이런 재앙의 원인 중 하나가 보호무역이라는 걸 깨닫게 되었거든.

쇼미 그런데 왜 최근 들어 보호무역 이야기가 나와?

신기 아유, 아침부터 질문이 끊이질 않네. 말하자면 길어지니 다음에 하자. 옥상 야외테라스에서 바라보는 경치가 끝내준대. 빨리 식사하고 밖으로 나가자.

경제 회복을 위해 브레튼우즈로 모인 세계

신기 다리가 좀 아팠는데 운하 투어를 하니 좋지?

현우 운하를 따라 뾰족 지붕 건물들이 늘어선 모습이 그냥 그림이야.

쇼미 도시 전체가 하나의 작품 같아.

신기 실제로 하나의 작품이야. 16세기 말부터 17세기 초에 항구도시 건설 프로젝트에 따라 만들어진 거니까. 부채꼴로 운하를 만들고, 습지의 물을 빼고, 군데군데 메꾸어 만든 땅 위에 주택이나 다양한 기념물을 세운 거래.

현우 16세기 말에서 17세기 초에 이런 계획도시를 만들었다고?

신기 다 무역 덕분이었지.

현우 네덜란드 상인들은 상품을 배에 싣고 살 사람이 있는 곳으로 가서 직접 파는 방식으로 무역을 했잖아. 지금은 어때?

신기 우리가 시장에서 장을 보는 것처럼 옛날 무역은 팔 사람과 살 사람이 서로 만나서 돈과 상품을 맞바꾸는 식으로 이루어졌어. 중간 상인을 거치지 않고 유럽과 아시아 국가들이 직접 무역을 했을 때도 마찬가지였어. 돈을 먼저 주고 물건을 받기로 하면 수입업자가 불안하고, 반대로 물건을 먼저 보내

암스테르담 운하 투어를 하면 그림처럼 아름다운 도시를 감상할 수 있다.

고 나중에 돈을 받으면 수출업자가 불안하니까. 그런데 20세기 초부터 신용의 상징인 은행이 수출업자와 수입업자의 중개 역할을 하며 이런 불안이 줄자 직접 만나서 하는 거래는 서서히 줄어들었어. 지금은 샘플만 보고 거래할 상품의 양과 가격을 정한 뒤 계약을 하고, 계약에 따라 수입업자는 은행을 통해 수입대금을 주고, 수출업자는 해운업자에게 상품 운송을 맡기지.

쇼미 변화는 그냥 일어나는 게 아니구나.

현우 왜 변화가 일어났는지 알게 되니까 실제 일어난 일들이 쏙쏙 들어온다. 아침에 국제거래의 영역이 상품에서 기술 및 서비스까지 확대됐다고 했잖아. 왜 그런 변화가 일어났어?

신기 쇼미는 환율에 관심이 많았는데, 현우는 무역에 관심이 많은가 봐. 점심 전에 못했던 이야기를 계속하자.

현우 사실은 아까 궁금한 게 있었는데 누나가 힘들어해서 물어보지 못했어. 미국과 유럽 국가들이 보호무역이 1930년대 세계 경제 불황과 2차 세계대전의 원인 중 하나였다는 걸 깨달았다고 했지? 불황은 경제문제니까 그렇다 하더라도, 전쟁과 무역이 무슨 상관이야?

신기 자기 나라만 위하는 보호무역정책이 다른 나라를 손잡고 나가야 할 친구가 아니라 싸워서 이겨야 할 적으로 보는 분위기를 만들었고, 그래서 전쟁이 벌어졌다고 본 거야.

쇼미 말 되네.

신기 그래서 1944년 7월 미국 뉴햄프셔주 브레튼우즈에 44개국 대표들이 모여서 전쟁 이후 세계 경제 회복의 방안에 대한 토론을 벌였어. 이들은 자유무역을 보장하고, 국제거래의 안정성을 확보할 수 있는 국제통화시스템을 갖춰야 한다고 했지. 나라마다 수출을 늘리기 위해서 경쟁적으로 자기 나라 통화의 가치를 낮추어 버렸던 것도 세계 경제를 잘 돌아가지 않게 만든 원인의 하나라고 본 거야.

현우 의견을 모았더라도 거기서 끝나면 안 되잖아. 고양이 목에 방울을 달아야 소리가 나지.

신기 그렇고말고. 그래서 자유무역 활성화의 길을 열기 위해 브레튼우즈 협정에 따라 '관세 및 무역에 관한 일반 협정(GATT)'을 맺었어. 1947년 스위스 제네바에서 미국을 비롯한 23개국 대표가 모여 합의한 GATT의 내용은 공산품과 원자재 무역 자유화를 위해 모든 무역장벽을 없애자는 거야.

아, GATT보다 먼저 브레튼우즈 협정에 따라 이루어진 큰일이 또 있다! 자유무역 중심의 새로운 세계 경제 질서를 위해 일할 국제경제기구로 1945년 IMF와 IBRD를 탄생시킨 거.

달러화가 파운드화를 물리치고 기축통화가 됐다고 했지? 이렇게 뒤집힌 것도 브레튼우즈 협정에 의해서였어. 국제통화시스템에 대한 토론을 할 때 영국은 국제청산연맹(International Clearing Union)을 세워서 세계가 공동 관리하는 국제

IBRD(국제부흥개발은행)는 유럽 국가들의 전쟁 피해 복구를 위해 만들어졌지만 1949년부터 주로 경제개발 자금을 빌려주는 일을 해. 각 나라 정부나 전력, 운송, 상하수도를 만드는 기업에게 정부 보증을 받고 돈을 빌려주지. 20세기 후반부터 농업과 농촌 개발 사업에 대한 지원을 늘렸고, 아시아와 아프리카, 남아메리카 개발도상국의 공업화를 위한 자금을 지원하고 기술 발전을 도와줘. 역할이 늘어나고 조직이 커지며 지금은 세계은행(World Bank)이라고 불려.

통화를 발행해서 기축통화로 삼자고 제안했어. 그러나 미국은 금본위제도를 부활할 테니 달러화를 기축통화로 하자고 다른 나라를 설득했지.

쇼미 '달러는 금이다'를 선언한 거네. 금과 달러의 교환 기준도 제안했어?

신기 물론이지. 35달러는 금 10온스! 그러니까 무역상들은 달러화로 매겨진 가격이 자기 나라 화폐 가격으로 얼마인지 계산할 수 있었어. 달러화와 금을 교환하는 비율은 일정하고, 자기 나라의 금 가격만 알면 두 통화 사이에 적용할 환율을 구할 수 있으니까.

현우 그래서 자유무역이 늘고 세계 경제는 좋아졌어?

신기 그렇다고 할 수 있지. IMF의 자료에 따르면 1950년 621억 달러였던 세계무역량은 1973년에는 5740억 달러로 늘었고, 1973년 석유파동이 일어나기 전까지 세계 경제는 비교적 순탄하게 성장했으니 말이야.

쇼미 어, 벌써 운하 투어가 끝났어.

신기 좀 쉬었으니 이제 걸어도 되지? 다음 코스는 암스테르담의 역사가 시작된 곳이자 심장부인 담 광장! 가기 전에 사진으로 보여 줄 게 있어. 1656

년 요하네스 링겔바흐(Johannes Lingelbach)라는 화가가 담 광장을 그린 작품. 암스테르담의 활기가 느껴지지?

그림 왼쪽에 새로 짓고 있는 건물이 현재의 네덜란드 왕궁이야. 1648년 공사 시작, 1665년 완공인데, 1808년 전까지 암스테르담 시청사였대. 중앙에 그려진 건물은 상품의 무게를 재는 곳이었던 화물 계량소야. 지금은 철거되었어.

요하네스 링겔바흐가 그린 담 광장.
370여 년 전 암스테르담의 모습을 확인할 수 있다.

현우 무게 재는 방식이 달라져서? 그래도 무역의 역사를 간직한 건물인데 보존하지.

신기 사연이 있어. 지금까지 네덜란드의 영광만 말했는데 아픈 역사도 들려줄게. 무역으로 흥했던 네덜란드는 무역 때문에 패망하게 돼. 미국 독립전쟁이 벌어졌을 때 네덜란드는 미국 독립군과 무역을 했어. 1780년 이를 응징하려는 영국의 침략으로 벌어진 전쟁에서 패하며 국력이 쇠퇴해졌지. 설상가상으로 1795년 프랑스의 침략을 막지 못하고 프랑스의 지배를 받게 돼. 프랑스 국왕 나폴레옹은 1804년 동생 루이 보나파르트를 네덜란드 왕으로 세웠어. 그가 시청사를 왕궁으로 사용하면서 화물 계량소 철거 명령을 내렸던 거야.

현우 헉, 17세기 최강대국이 18세기 말 다른 나라 지배를 받다니!

신기 프랑스 지배가 길지는 않았어. 1810년 아예 프랑스에 합병되었지만 나폴레옹의 러시아 원정 실패로 프랑스가 쇠퇴하자 1813년 네덜란드 사람들은 임시정부를 수립하고 독립선언을 했지.

아이쿠, 또 이야기가 길어졌구나. 빨리 담 광장으로 가자.

시장개방을 외친 신자유주의 사상

쇼미 오늘이 여행의 딱 중간인 날이야. 시간이 흐르는 걸 잡아 놓고 싶어.

신기 그러게 말이야. 너희들 배고프지? 관광 중간에 점심 먹기가 애매해서 밥 먹는 게 늦어졌어.

현우 브루게가 너무 아름다워서 배고픈 것도 모르겠어. '천장 없는 박물관'이라는 말 그 이상이야. 아까 미로를 헤맸잖아. 그래도 좋더라.

신기 나도 자갈이 박힌 길이 너무 좋아서 그냥 말없이 걸었어. 너희도 별 말이 없는 걸 보면 브루게에 푹 빠졌나 봐. 브루게는 12세기 플랑드르의 수도였는데, 13~14세기 북서유럽의 주요 무역항이었지. 유럽 최대의 모직물 공업지대였던 플랑드르는 정치적으로 프랑스의 지배를 받고 있었지만 경제적으로는 양모를 공급하는 영국의 영향력 아래에 있었어. 그런데 1337년 영국과 프랑스가 백년전쟁을 벌이면서 영국은 프랑스에 타격을 주려고 모직물 원자재인 양모 수출을 금지했어. 일자리를 잃게 된 플랑드르 직공들이 영국으로 떠나며 14세기 중반부터 모직물 생산의 중심은 영국의 요크셔 지방으로 옮겨 갔지. 그리고 16세기 초 브루게 항만에 토사가 쌓여서 항구의 기능이 어려워지자 브루게의 번영도 끝났어.

쇼미 그런데 중세시대 모습을 완벽하게 간직한 덕분에 관광도시로 다시 살아났네.

신기 그러게 말이야. 브루게 역에서 쾰른 역까지는 세 시간쯤 걸리니까 나누지 못한 이야기는 그때 하자.

브루게의 랜드마크인 마르크트 광장.
중세 상인들로 붐볐던 이곳은 이제 사시사철 관광객들로 북적인다.

현우 좀 나른했는데 잠시 잤더니 거뜬해졌어. 요 며칠 경제 이야기를 할 시간이 거의 없어서 질문하지 못한 게 있는데. 브레튼우즈 협정 이후 1973년 석유파동이 일어나기 전까지 세계 경제는 순탄하게 성장했다고 했잖아. 1973년 석유파동이 뭐야?

신기 사건의 시작은 1973년 이집트와 시리아가 이스라엘을 침공했을 때 이스라엘이 미국의 도움을 받아 이를 물리쳤던 일이었어. 중동 산유국들은 미국의 중동 정책을 항의한다면서 원유 가격을 엄청나게 올려 버렸지. 아마 거의 4배로 올렸을걸. 원유 가격이 오르자 원유를 원료로 하는 석유화학제품의 가격이 올랐고, 석유화학제품 가격이 올라 다른 제품을 사는데 쓸 돈이 줄어들면서 전체적으로 소비가 줄어들었어. 그래서 기업은 생산을 줄이게 되었고 경제는 침체되었지. 2차 세계대전 이후의 순탄했던 세계 경제 흐름이 망가져 버린 거야.

쇼미 그게 바로 경제 불황이야? 한국은 석유가 한 방울도 안 나는 나라인데 큰일이었겠네.

신기 우리나라뿐만 아니라 당시는 많은 나라들이 에너지 자원을 중동산 원유에 의존하고 있었던 터라 큰 혼란에 빠졌지. 이처럼 1973년 석유가격이 많이 올라서 세계 경제가 불황을 겪게 된 것을 1차 석유파동이라고 해. 그런데 1978년 말에도 중동 산유국들이 원유 가격을 올려서 세계는 다시 2차 석유파동을 겪게 되었어.

1970년대의 경제 침체 이전에는 경제학자들은 경제가 침체되면 물가가 하락하고 경제가 활기를 띄면 물가가 상승한다고 설명했어. 그런데 1970년대 석유파동 후에는 경제는 침체되고 물가는 오르는 스태그플레이션이 일어난 거야. 사람들은 실업과 물가상승이라는 이중고에 시달려야 했지. 그러자 새로운 경제이론을 펴는 경제학자들이 나타났어. 그들은 임금 인상으로 임금수준이 너무 높아서 기업들이 고용을 꺼리고, 부자들에 대한 세금이 너무 높아서 생산과 투자를 할 의욕을 잃어버려서 물가상승과 실업이 함께 발생했다고 주장했어.

현우 아이고, 어렵다.

신기 좀 어렵지? 차근차근 이해하기 힘들면 우선 사실만 알고 있어. 경제학자들은 소비 감소보다는 기업이 투자를 하지 않는 게 문제이고, 경제 침체를 벗어나려면 정부가 경제에 개입하지 말고 모든 것을 시장에 맡겨야 한다고 주장했어. 이들은 정부가 사회보장제도를 늘리면 국민의 일할 의욕이 줄어드니 정부가 국민 복지를 위해 쓰는 돈도 줄여야 한다고 했어. 이처럼 국가의 경제활동에 대한 통제를 줄이고 시장의 기능과 개인과 기업의 자유로운 경제활동을 중시하는 이론을 신자유주의 이론이라고 해.

미국의 레이건 대통령과 영국의 대처 총리는 경제 불황에서

IMF
신자유주의가
너희를 부자로
만들어 줄 것이야

벗어나기 위해 신자유주의 이론을 받아들였어. 기업의 생산과 투자를 늘리기 위해 세율을 내리고, 소득이 높은 사람들의 세금 부담도 줄여서 쓸 돈을 늘려 주자 소비가 살아나 미국과 영국은 경기 침체에서 벗어날 수 있었지. 사회보장제도를 축소하면서 기업의 이윤을 키울 수 있게 노동자의 임금수준과 복지도 줄일 수 있게 하자 투자가 살아났던 거야. 경제는 회복되었지만 결과적으로 부자와 가난한 사람 사이의 소득과 재산의 차이는 더욱 커졌어. 결과만 따지고 보면 신자유주의를 따른 경제정책은 절반의 성공만 거둔 셈이지.

현우 부자는 더 부자가 되었고, 가난한 사람은 더 가난해졌다. 나도 많이 들었던 말인데.

신기 그럴 거야. 미국과 영국에서 힘을 얻은 신자유주의가 전 세계로 퍼져 나가면서 세계 경제를 지배하게 되어 어느 나라에서나 그런 현상이 일어났으니까.

쇼미 왜 신자유주의가 전 세계로 퍼져 나갔는데?

신기 모든 나라가 스스로 원해서 신자유주의를 받아들인 건 아니었어. 한국이 IMF에 구제 금융을 요청했을 때 이들이 내렸던 처방을 받아들였던 것처럼 IMF를 등에 업은 미국 등 경쟁력을 가진 나라들이 원해서 이루어졌던 거지. 자기 나라의 경제 성장에 도움이 되는 수출을 늘리기 위해 선진국들은 신자유주의를 교묘하게 퍼뜨리며 시장개방이 모든 나라에 이익이 된다고 외쳤어.

쇼미 시장개방이 뭐야?

신기 자기 나라 시장에 다른 나라 기업이나 자본이 들어와 돈을 벌기 위해 투자하는 걸 허용하는 거지. 신자유주의자들은 세계 경제는 자유무역과 국제적 분업을 통해 지속적으로 성장을 이루어야 하므로 시장개방이 필요하다고 주장했어.

지역은 뭉치고 기술은 퍼지고

현우 그런데 참 신기하다.

쇼미 뭐가?

현우 우리는 어제 오후 암스테르담에서 브뤼셀로 왔고, 지금은 브루게에서 쾰른으로 가고 있어. 이건 도시에서 도시로 이동하는 게 아니라 네덜란드라는 나라에서 벨기에로, 그리고 벨기에에서 독일로 이동하는 거잖아. 한국에서는 무조건 비행기나 배를 타야 외국에 갈 수 있는데, 기차를 타고 국경을 넘는다는 게 신기해.

쇼미 난 국경을 넘었는데 입국 심사를 안 하는 게 이상했어.

신기 솅겐 조약에 가입한 나라 사이에는 통행이 자유롭기 때문에 입국 심사를 하지 않아. 1985년 룩셈부르크 솅겐에서 독일·프랑스·네덜란드·벨기에·룩셈부르크 사이에 자유로운 통행을 규정한 조약을 맺었던 일에서 시작되어 지금도 그렇게 불러. 아일랜드나 불가리아처럼 EU 회원국이라도 조약에 가입하지 않는 나라도 있고, 스위스나 노르웨이처럼 EU 회원국이 아니지만 조약에 가입한 나라도 있어.

현우 세 나라를 여행하는데 유로화만 사용하고, 기차를 타고 국경을 넘고, 입국 심사도 안 하니까 한 나라를 여행하는 것 같아.

신기 실제로 경제적으로는 한 나라야. 1993년 11월 EU가 출범한 이후 회원국 간에는 상품과 서비스, 자본, 노동 거래에 대한 제한이 없어졌어. 유럽중앙은행이 발행한 유로화를 함께 사용하여 금융시장도 하나가 되었고. 1990년대에는 EU처럼 서로의 경제력을 높이기 위해 지역적으로 가까운 나라들끼리 뭉치는 일이 많아졌어. 무역에 대한 제한을 없애서 시장 규모를 키워 규모의 경제 효과를 얻기 위해서였지. 규모의 경제는 전체 생산량이 증가하면 제품 한 개를 만드는 데 들어가는 생산비용은 줄어드는 현상을 말해. 그래서 유럽 경제권, 북아메리카 경제권, 아시아 경제권과 같이 지역 중심의 경제권이 생겼지. 하지만 이런 경제권의 성격은 지역적 특성과 경제 상황 등에 따라 조금씩 달라.

쇼미 한국이 속한 데도 있어?

신기 한국은 아시아와 태평양에 접한 나라들이 무역 및 투자의 자유화, 지역경제통합 촉진을 목적으로 1989년에 만든 APEC(아시아태평양경제협력각료회의)에 속해 있어.

APEC은 세계 인구의 약 39퍼센트, 세계 교역량의 약 48퍼센트를 차지하는 세계 최대의 지역협력체야. 회원국이 똘똘 뭉치면 세계 경제에 엄청난 영향력을 가질 수 있지. 하지만 APEC은 지나친 경쟁과 마찰을 줄이고 경제협력을 이루자고 논의한 후 이를 공동 선언문으로 발표하는 정도로만 활동해.

현우 다른 지역경제권들은 어때?

신기 동남아시아국가연합(ASEAN)에 속한 나라들은 1993년 아세안자유무역지대(AFTA)를 만들어 무역에 대한 관세를 없애기로 했어. 여기에 중국이 참여하여 2005년 중국-아세안자유무역협정(CAFTA)으로 발전했고.

APEC의 초기 회원국은 12개국으로 한국·일본·미국·캐나다·호주·뉴질랜드·아세안 6개국(태국·말레이시아·인도네시아·싱가포르·필리핀·브루나이)이었어. 그 뒤 중국·타이페이·홍콩·멕시코·파푸아뉴기니·칠레·베트남·러시아·페루 등이 가입하여 2020년 현재 총 21개국이야.

그리고 북아메리카에서는 1992년 12월 미국, 캐나다, 멕시코 간의 북미자유무역협정(NAFTA)이 맺어져 1994년 1월부터 효력이 발생했어. 세 나라 사이의 무역장벽을 없애서 교역을 늘리자는 협정이지.

쇼미 EU는 실제로 하나의 시장이고, 다른 지역경제권은 관세나 무역장벽을 없애자는 데 합의했어. 그런데 우리가 속한 APEC은 서로 친하게 지내자는 모임처럼 느껴져. 정말 그렇다면 큰일 아니야?

신기 쇼미가 말한 대로 한국은 강한 결속력을 갖는 지역경제권에 속하지 못했어. 그래서 지역을 따지지 않고 다른 나라들과 무역장벽을 없애고 자유로운 무역을 하자는 자유무역협정(FTA)을 맺고 있어.

현우 FTA? 엄청 귀에 익은 말인데.

도널드 트럼프 대통령은 취임하고 나서 NAFTA의 내용이 미국에 불리하다며 재협상을 제의했어. 2018년 세 나라는 이를 미국·멕시코·캐나다 협정(USMCA)으로 바꾸자는 데 합의했고, 2020년 발효됐어. 하지만 세 나라 사이의 무역장벽을 없애서 교역을 늘리자는 취지는 그대로 살렸어.

신기 FTA를 왜 하는지 제대로 알려면 세계의 변화부터 알아야 해. 세계는 정치적으로는 분열되고 경제적으로는 통합되는 쪽으로 변화하고 있어. 1991년 소련이 15개 나라로 쪼개지거나 2002년 동티모르가 인도네시아로부터 독립한 것처럼 정치 공동체인 국가는 점점 많아져. 하지만 경제적으로는 하나의 시장을 추구하고 있거든. EU 회원국만큼은 아니어도 이제는 상품, 자본, 서비스는 전 세계적으로 비교적 자유로운 거래가 이루어지지. 이런 시장개방뿐만 아니라 사회, 문화, 과학 등 다양한 분야에서 서로 영향을 주고받으며 세계가 하나의 마을처럼 돌아가는 현상을 세계화라고 해.

쇼미 언니, EU뿐 아니라 가까운 지역끼리 서로 뭉치자는 움직임은 모두 1990년대에 생겼어. 어떤 일이든 그냥 일어나는 게 아니잖아. 무엇이 이런 환경을 만들었지?

신기 정보기술혁명이 큰 몫을 했다고 봐야지. 정보기술혁명 덕분에 지구 반대편 나라에서 일어난 일도 금방 알 수 있게 되어 공간적인 거리감이 좁혀졌으니까. 1971년 인텔사가 마이크로프로세서라는 칩을 발명한 이후 컴퓨터 분야는 급속한 기술 발달을 이루었어. 그래서 1990년대에는 100달러 정도의 돈을 지불하면 누구나 개인용 컴퓨터를 살 수 있게 되었지. 하지만 정보 교환이 자유롭지 않았다면 현재와 같은 정보기술혁명은 일어나지 않았을 거야.

정보기술혁명에 날개를 달아 준 것은 바로 인터넷이야. 1990년대 들어서 그림, 소리, 동영상 등을 모두 지원하는 웹과 원하는 정보를 쉽게 찾을 수 있는 도구인 웹 브라우저가 발명되자 인터넷 사용자는 폭증하게 되었어. 이렇게 정보통신기술이 발달하여 시간과 공간의 제한을 뛰어넘게 되자 기업들은 일하는 방식을 바꿀 수 있게 되었어. 상품 기획은 한국에 있는 본사에서 하고, 물건은 중국 공장에서 만들고, 판매와 마케팅은 미국 지사에서 처리하는 등 공간의 제한을 뛰어넘는 경영이 가능해졌거든. 그러니까 정

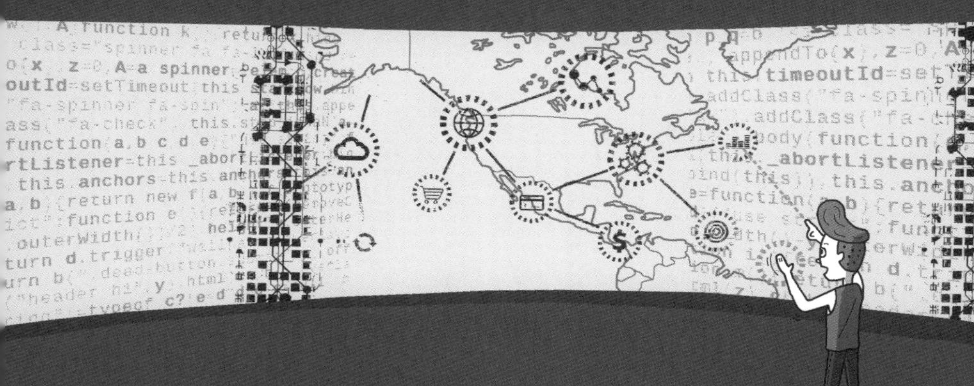

보기술혁명은 한 나라 안에서만 이루어지던 경제 활동이 국경을 뛰어넘을 수 있는 환경을 만들어 낸 거야.

현우 그래서 세계화가 이루어진 거구나.

신기 쉽게 세계화할 수 있는 환경은 정보기술혁명으로 이루어졌고, 신자유주의 사상은 선진국들이 원하는 시장개방을 다른 나라들이 받아들이게 만드는 이론적인 배경이 되었어. 하지만 세계무역기구(WTO)가 만들어져서 직접적으로 시장개방과 자유로운 거래를 밀고 나가는 일을 맡으면서 세계화가 이루어졌다고 봐야지.

좀 있으면 쾰른 역에 도착해. 빠진 것 없이 짐 잘 챙겨. 입이 쩍 벌어질 규모의 성당이 역 근처에 있대. 너무 커서 카메라에 전체를 담기 어렵다고 들었어.

7
이제 하나가 된 세계 시장

자유로운 국제거래의 영역을 넓히자

현우 배가 벌써 들어왔어. 뛰자!

신기 천천히 가도 돼. 여기서 출발하는 배라 대기하고 있는 거야.

쇼미 배 이름이 보파르트(Boppard)야. 이 도시 이름이랑 똑같아. 오늘 일정은 좀 독특해.

신기 사실 이 일정을 놓고 끝까지 고민했어. 오늘 이동은 쾰른에서 프랑크푸르트까지야. 특급열차를 타면 1시간 15분 정도밖에 안 걸리지. 그런데 라인강 유람선을 타면 늦은 저녁에 프랑크푸르트에 도착하게 돼.

현우 누나는 무슨 일이든 기회비용을 따지잖아. 그만한 이유가 있겠지.

라인강을 따라 KD 라인강 유람선을 타면 이런 정경을 감상할 수 있다.

신기 유래일패스 사용은 일(Day) 단위로 계산해. 하루에 몇 번 교통수단을 갈아타든지 상관없고, KD 라인강 유람선도 무료라 돈이 더 들지는 않아. 그래서 본에 들를까, 아니면 쾰른에서 보파르트까지 열차로, 보파르트에서 빙겐까지는 유람선을, 빙겐에서 프랑크푸르트까지는 다시 열차로 가는 방법을 놓고 저울질했지. 최종 선택은 유람선을 타는 후자.

세계대전의 폐허를 딛고 일어난 독일의 경제 부흥을 외국인들이 '라인 강의 기적'이라고 하자 이를 이끌어 낸 루트비히 에르하르트는 독일 국민들이 흘린 땀의 결실이라고 했대. 기적 같은 인간의 작품을 만들어 낸 독일인의 의지와 열정을 라인강을 건너며 느끼고 싶은 마음이 들었거든.

현우 유람선에서의 점심 식사! 잊을 수 없는 추억이 될 것 같아.

신기 감자 요리가 끝내준다. 독일 사람들의 주식은 감자라고 하더니 역시 달라.

쇼미 독일 사람들의 주식이 감자라고?

신기 독일은 1871년 수백 개의 작은 도시국가가 프로이센 왕국을 중심으로 통일되며 세워진 나라야. 프로이센은 프리드리히 2세(재위 기간 1740~1786년) 때 유럽 북부의 최강대국으로 발전하며 통일을 이끌 힘을 기를 수 있었어. 프리드리히 2세는 군사적인 면에서뿐만 아니라 학문과 교육, 복지에서도 탁월한 업적을 남긴 왕이었지. 그런데 독일인의 감자 사랑은 감자대왕이라고도 불리는 프리드리히 2세로부터 시작되었어.

아메리카에서 처음 감자가 유럽으로 들어왔을 때, 울퉁불퉁한 모양을 보고 사람들은 감자를 먹으면 한센 병에 걸릴 수 있다고 생각했대. 하지만 감자가 훌륭한 식량이 될 수 있다고 판단한 프리드리히 2세는 손수 궁궐 정원에 감자를 심었고, 사람들 앞에서 감자를 먹기도 했대. 그래도 사람들이 감자를 멀리하자 강제로 감자를 심게 하여 식량을 확보했다는 거야.

1756년 벌어진 오스트리아와의 7년 전쟁이 프로이센의 승리로 끝난 건 러시아 국왕 표트르 3세의 지원과 함께 감자도 큰 몫을 했어. 오스트리아 군대는 식량 부족으로 허덕였지만 감자를 넉넉히 확보했던 프로이센 군대는 끝까지 버틸 수 있었거든. 이 전쟁의 승리로 독일 사람들은 감자를 좋아하게 된 거야.

현우 그런 사연이 있었구나. 나도 오늘 먹은 감자 요리는 두고두고 생각날 것 같아.

쇼미 자, 이제 경제 공부 시간! 질문할게요. 어제 정보기술혁명으로 시간과 공간을 뛰어넘을 수 있는 환경이 만들어졌고, 신자유주의 사상이 시장개방의 이론적인 배경이 되었지만 실제로 시장개방과 자유로운 거래가 늘어난 건 WTO 때문이라고 했어. WTO는 언제 만들어진 거야?

신기 우선 WTO가 만들어진 배경부터 이야기할게. 브레튼우즈 협정을 맺을 때 미국은 세계 최고의 공업 국가였어. 유럽에 비해 공업화의 시작은 늦었지만 20세기 들어 유럽이 두 차례 세계대전으로 혼란을 겪는 동안 미국은 지속적으로 발전했거든. 그래서 자기 나라가 자유무역의 혜택을 가장 많이 볼 거라고 자신만만했어. 그런데 유럽 공동체와 일본의 공업기술력이 막강해지면서 1970년대에 들어서 미국은 무역적자를 기록하게 되었지. 당시 최고의 공업기술력을 가졌던 독일은 세계 2위의 무역 국가였는데, 수출액은 미국에 조금 못 미쳤지만 무역수지 흑자 폭은 세계에서 제일 컸어.

현우 무역수지는 뭐야? 국제수지 내용 중에 없었는데.

신기 전에는 무역이 상품의 국제거래를 뜻했으니까 상품수지를 무역수지라고 했어. 그리고 무역외수지는 경상수지 중에서

상품수지를 제외한 다른 수지를 합친 거야.

쇼미 아무튼 무역적자로 미국의 자존심이 엄청 상했겠네.

신기 그렇지. 미국은 자기 나라가 절대 우위를 갖는 세계 경제 환경이 지속될 방안을 찾았는데, 그게 농업과 서비스 산업 시장의 개방이었어. 미국은 농산물 시장의 무역장벽을 없애면 넓은 땅에서 대량생산하는 값싼 농산물을 수출하고, 금융과 통신을 비롯한 서비스 분야와 컴퓨터 프로그램을 포함한 지식 산업 기술을 수출하면 쉽게 무역수지 적자를 줄일 수 있을 거라고 판단했어. 그래서 미국은 1986년 9월 우루과이에서 열린 GATT 회의에서 새로운 내용의 무역 협상을 시작하자고 제의했단다.

현우 다른 나라들도 좋아했어?

신기 처음에는 아니야. 나라마다 서로 자기 나라에 가장 유리한 쪽으로 합의를 끌어내려고 한동안 논의만 했어. 하지만 소련의 분열로 견제 세력이 없어져 힘이 더 세진 미국이 원하는 바를 꺾을 수 없었지. 1990년대 초반 미국의 국내총생산량은 세계 경제의 거의 30퍼센트를 차지하고 있어서 미국 경제가 가벼운 기침을 하면 다른 나라 경제는 독감에 걸린다는 말이 나올 정도로 영향력이 컸거든. 미국은 그들이 경쟁력을 가진 농업과 서비스 산업의 시장개방을 계속 외쳤고, 자본의 자유로운 이동이 가능해지면 세계 경제는 안정적인 성장을 지속할 것이라고 주장했지.

우여곡절 끝에 1994년 4월, 모로코의 마라케시에서 열린 GATT 회의에서 드디어 협상이 마무리됐어. 논의를 계속하면서 공산품의 관세 인하, 지적 재산권과 서비스 분야의 시장개방도 유럽이나 일본도 손해날 게 없도록 합의가 이루어졌거든. 이 합의를, 처음 새로운 무역 협상 제안이 나왔던 곳의 이름을 따서 '우루과이라운드'라고 해.

쇼미 우루과이라운드, 들어 본 적이 있는 말인데.

신기 1995년부터 효력이 발생된 우루과이라운드에 의해서 자유로운 국제거래의 대상은 상품에서 서비스와 자본까지 영역이 넓어졌어. 협정이 맺어졌지만 이를 지키지 않는다면 아무 소용이 없겠지? 그래서 각국의 무역 분쟁을 중재하고 각 나라의 무역정책을 감시하는 역할을 하는 WTO가 1995년 1월 1일에 설립되었어. WTO의 기본 질서는 무역을 할 때 모든 국가에 대해 동등한 대우를 해야 한다는 거야.

WTO는 어느 나라가 수입을 막으려고 지나치게 높은 관세를 매기면 이를 내려야 한다고 요구하고, 다른 나라 시장을 차지하기 위해 가격을 지나치게 내리면 이런 행위를 조사하여 덤핑인지 아닌지 판정을 내리기도 해. WTO의 규칙을 어긴 국가들의 협정에 어긋나는 행위를 바로잡거나 이에 대한 손해배상도 요구하며, 적절한 조치를 취하지 않을 경우에 무역제재도 가하지.

규제와 자유 사이

쇼미 WTO는 무역을 할 때 모든 국가에 대한 동등한 대우를 기본 질서로 한다고 했지. 그럼 EU 회원국은 EU 회원국 사이의 거래에 적용하는 조건을 다른 나라와의 거래에도 적용해야 되잖아. 실제로 그래?

신기 질문이 아주 예리해지는데. 쇼미가 말한 것처럼 WTO의 원칙을 따르면 무역을 할 때 모든 국가에 적용하는 조건은 같아야 해. 하지만 이건 원칙일 뿐 실제로는 살짝 변형된 방법으로 자유무역과 시장개방이 진행되었어. 그게 바로 FTA야. FTA를 체결하면 협정을 맺은 나라 간에는 관세를 내리거나 다른 나라에 비해 유리한 조건으로 무역을 하게 돼. 협정을 맺지 않은 국가에 대해서는 차별대우를 하게 되니까 WTO의 기본 질서에는 맞지 않지. 하지만 FTA에 의해 무역이 늘어나면 결과적으로 세계 무역이 늘어나니까 WTO의 목적에 어긋나지 않는다고 보고 FTA 진행 내용만 보고를 받고 있어. 그러다 보니 여러 나라와 한꺼번에 협상하는 것보다 서로 뜻이 맞는 나라와 먼저 협상을 해서 FTA를 맺고 무역을 늘리는 것이 실리적이라 FTA가 지속적으로 확대되었지.

현우 우리는 어느 나라와 처음으로 FTA를 맺었어?

신기 칠레. 1998년 11월 칠레와의 FTA 추진을 결정했고, 1999년 12월 공식협상을 시작했어. 하지만 농민들의 반대가 심해지면서 예상보다 진행이 늦어져 2004년 4월에야 효력이 생겼지.

쇼미 왜 농민들이 반대했는데?

신기 국가 전체적으로는 FTA를 맺는 게 이득이야. 다른 나라들끼리 먼저 FTA를 맺으면 우리는 기존의 수출시장까지 잃어버리게 되니까. 반대로 우리가 다른 나라와 FTA를 먼저 맺고 관세 혜택을 받고 수출하면 그 나라와의 무역을 늘릴 수 있어. 하지만 한 나라 안에서는 이로 인해 피해를 보는 사람들이 반드시 생겨. 시장이 개방되면 가격경쟁력이 있는 분야의 수

출은 늘어나는 반면 경쟁력이 떨어지는 분야는 오히려 수입이 늘어나게 되니까. 한-칠레 FTA가 발효되어 값싼 칠레 농산물이 많이 수입되면 농민들은 보나마나 피해를 보게 될 거라 반대했지.

현우 아하, 마트에서 칠레산 포도나 칠레산 와인을 많이 볼 수 있는 게 바로 한-칠레 FTA 때문이구나. 그럼 칠레는 한국에서 무얼 수입해?

신기 칠레는 자동차, 휴대폰, 컴퓨터, 자동차 부속품, 석유화학제품 등 주로 우리 공산품을 수입하지. 칠레와 FTA을 체결하고 나서 두 나라 사이의 무역은 가파르게 증가했어. 그런데 2006년과 2007년 중국과 일본이 각각 칠레와 FTA를 체결하고 나서 공산품 수출의 증가폭이 낮아졌대. 전에는 칠레에서 한국산 제품에만 관세를 내리거나 없애서 가격경쟁력이 생겼는데, 두 나라도 이런 혜택을 받게 되어 FTA 효과가 줄어든 거야.

쇼미 휴, 그런 걸 보면 농민들이 반대한다고 FTA를 안 할 수도 없

고, 뭔가 농민들의 피해를 줄이는 방법을 마련해야 할 것 같은데. 경제정책을 정하는 건 쉬운 일이 아니야. 칠레와 FTA를 맺고 나서 다른 나라들과도 FTA 협상이 계속되었어?

신기 응. 정확한 상황은 잘 모르겠다. 현우야, 네가 한국의 FTA 체결 현황을 찾아볼래?

현우 그럴게. FTA 종합지원센터라는 포털이 있네. 나라 이름이 아니라 한-ASEAN, 한-EU, 한-EFTA 이런 것도 있어.

신기 그런 FTA를 체결하면 한꺼번에 여러 나라와 FTA을 체결하는 것과 같아. 예를 들면 한-ASEAN을 맺으면 ASEAN 10개국과 FTA를 체결한 게 되는 거야. 그러다가 우리도 스파게티를 먹는 건 아닌지 모르겠네.

쇼미 스파게티는 현우가 좋아하는데. 무슨 말이야?

신기 FTA를 체결한 나라가 너무 많아지면, 나라마다 다른 무역 절차를 확인하느라 시간과 인력이 더 들어. 그래서 기대했던 협정 체결 효과를 제대로 누릴 수 없는 상황이 되는 걸 스파게티 볼 효과라고 해. 이런 비효율적인 상황이 마치 가닥이 서로 얽힌 채 접시 안에 담겨 있는 스파게티와 닮았다고 해서 생긴 말이야.

자유로운 거래는 상품을 넘어

서비스와 자본까지

현우 스파게티 이야기가 나왔으니 말인데, 난 우리가 먹는 음식 재료를 보면 세계가 한 마을이라는 생각이 들어. 소고기는 미국산이나 호주산, 돼지고기는 스페인산이나 멕시코산, 동태는 러시아산, 호두와 아몬드는 미국산, 키위는 뉴질랜드산, 바나나와 망고는 필리핀산 등 우리 식탁에는 지구촌에서 생산되는 온갖 먹을거리가 올라오잖아.

쇼미 난 방탄소년단이 미국 빌보드 메인 앨범 차트에 연속적으로 이름이 오르는 걸 보고 세계는 하나라고 생각했어. 방탄의 새 앨범도 전 세계 동시 발매되잖아.

신기 하하. 둘 다 관심 분야를 통해서 세계가 하나임을 느끼는 게 재미있네.

현우 우루과이라운드에 의해서 자유로운 국제거래의 대상이 상품에서 서비스와 자본까지 영역이 넓어졌다는 건 확실히 알았어. 상품의 국제거래가 어떻게 이루어지는지도. 그런데 서비스와 자본은 어떻게 거래가 이루어지는 거야? 서비스는 의사의 진료나 음악가의 연주처럼 사람들에게 편리함과 만족감을 주는 기술이나 활동이야. 이런 걸 배나 비행기에 실어서 보내거나 받을 수는 없잖아.

신기 눈에 보이지 않는 서비스를 외국과 거래하는 게 얼른 이해되지 않는구나. 서비스의 국제거래란 다른 나라끼리 운수, 관광, 통신, 교육, 보험, 특허권 사용, 건설 등의 거래가 이루어지는 걸 말해. 우리가 해외여행을 하거나 외국인이 한국에 여행을 오면 관광서비스 거래, 한국인이 외국 유학을 가서 수업을 받거나 외국인이 한국 학교에서 수업을 받으면 교육서비스 거래가 일어나. 서비스를 실어 보내고 받는 게 아니라 사람이 오가며 서비스를 이용하는 거지.

또 외국 기업이 우리 해운기업에 운송을 맡기거나 우리 기업이 외국 기업에 운송을 맡기는 운송서비스, 우리 기업이 해외에서 도로나 항구시설을 만드는 건설서비스 등도 모두 서비스 국제거래지.

쇼미 듣고 보니까 우리도 지금 서비스의 국제거래 중이네. 그럼 자본의 국제거래는?

신기 어떻게 설명해야 자본의 국제거래가 머리에 쏙쏙 들어갈까? 아, 너희가 용돈을 저축해서 500만 원을 모았다고 하자. 이를 종잣돈으로 해서 돈을 불리고 싶으면 어떻게 할래?

현우 은행에 가서 가장 높은 이자를 받을 수 있는 정기예금을 들 거야.

쇼미 난 부모님에게 주식을 사거나 펀드에 넣어 달라고 하겠어.

신기 너희는 예금, 주식, 펀드 등 금융상품에 돈을 맡겨서 돈을 불리는 방법을 택한다고 했어. 어른들은 금융상품에 돈을 맡기기도 하고 집이나 땅과 같은 부동산을 사기도 해. 이처럼 자기가 가진 돈을 활용하여 이득을 얻기 위해 하는 일이 투자야. 또 사업을 하거나 이미 세워진 기업의 생산시설을 늘리려고 돈을 들이는 것도 투자지. 이런 투자를 다른 나라 사람

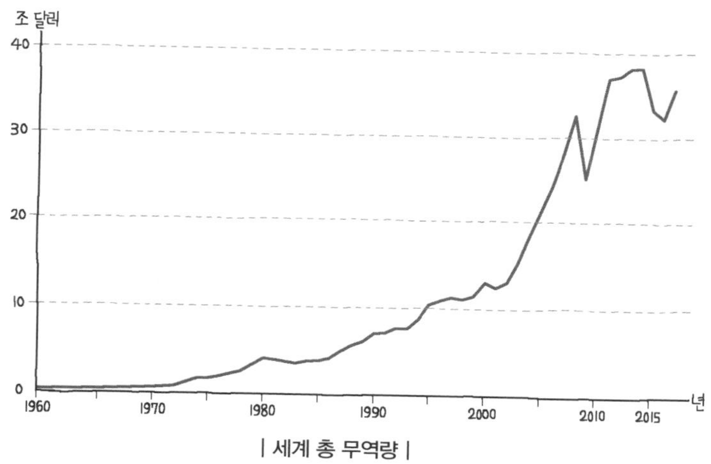

| 세계 총 무역량 |

WTO가 만들어진 1995년 이후 2008년까지 상품의 국제거래량이 큰 폭으로 증가했어. 뿐만 아니라 서비스와 자본의 국제거래도 엄청나게 증가했지.

이나 외국 기업에게도 허용하는 게 자본시장 개방이야.

우리가 자본시장을 개방하면 외국인이나 외국 기업들이 한국에 진출해서 기업을 세우고, 주식이나 채권을 사고파는 일을 할 수 있는 거지. 이런 일들이 실제로 일어날 때 자본의 국제거래가 생기는 거고.

현우 누나가 어제 신자유주의 이야기할 때는 시장개방이 마치 선진국에게만 유리한 것처럼 말했어. 그런데 상품의 국제거래가 이루어지면서 소비자들은 좋은 품질의 다양한 제품을 더 싸게 살 수 있는 혜택을 누리고 있는 것도 사실 아니야? 또 나라마다 경쟁력이 있는 제품을 전문적으로 생산하면 세계의 자원이 더 효율적으로 쓰이게 되고. 그렇다면 WTO가 자유로운 국제거래를 밀어붙여서 세계화를 이룬 건 개발도상국에게도 잘된 일 아니야?

신기 현우 말처럼 상품이나 서비스의 국제거래가 늘어나서 생기는 긍정적인 효과도 크지. 기업의 경쟁이 국내에서 세계로 확대되면서 빨라진 기술 혁신으로 새로운 제품이 속속 선을 보이며 소비자들의 만족도를 높여 주기도 했고.

하지만 국제거래의 장벽이 무너지자 기업의 경쟁은 더욱 치열해졌어. 예전에는 한 나라 안에서만 경쟁이 이루어졌지만 이제는 온 세계를 상대로 경쟁을 해야 해. 그래서 세계화에 잘 적응하고 있는 선진국은 더 잘살게 되고 세계화 과정에서 뒤처진 나라들은 살기가 더 힘들어졌어. 선진국들은 '세계는 하나'라는 달콤한 말을 앞세워 세계 경제에 대한 영향력을 더욱 키웠던 반면, 개발도상국들은 자기 나라 산업을 보호하거나 기업의 경쟁력을 키울 환경을 미처 만들지 못했거든. 그래서 선진국들은 개발도상국의 경제까지도 마음대로 할 수 있는 힘이 생겼고.

쇼미 세계는 하나의 시장인데, 그 시장이 경쟁력을 가진 선진국 차지가 된 거구나.

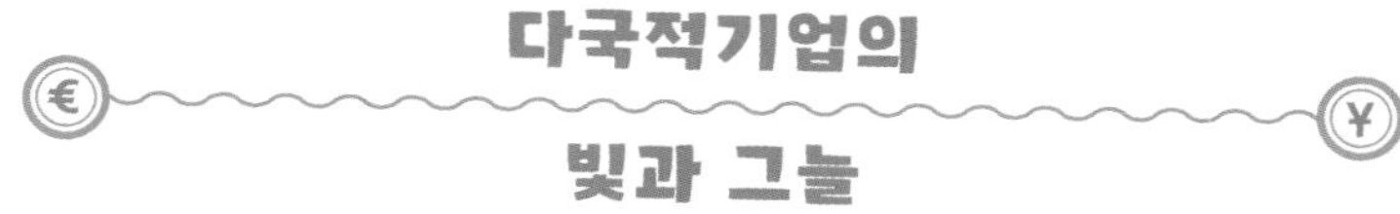

다국적기업의 빛과 그늘

신기 오늘 저녁은 맥도날드 햄버거. 그러고 보니 이번 여행에서 맥도날드 햄버거를 제법 먹었지? 우리만 그런 게 아니라 입맛에 맞으면서도 저렴하니까 다른 배낭여행자들도 서브웨이 샌드위치나 맥도날드 햄버거를 자주 먹어. 둘 다 110개가 넘는 나라에 진출해 있어서 어딜 가든 매장도 찾기 쉽거든. 서브웨이 매장은 약 4만 2000개이고, 맥도날드 매장도 약 4만 개에 달한다고 해. 다국적기업들이 세계인의 입맛도 하나

로 만들어 버렸어.

쇼미 다국적기업이 뭐야?

신기 사람처럼 기업도 국적이 있어. 코카콜라, 마이크로소프트, IBM, 휴렛팩커드, 나이키, 맥도날드, 볼보, 지멘스, P&G, 3M, 네슬레, 소니 등 한국에서 사업을 하고 있는 외국 기업들이 아주 많지. 이들 기업의 국적이 어디일까?

쇼미 코카콜라, 마이크로소프트, IBM, 휴렛팩커드, 나이키, 맥도날드는 미국, 소니는 일본, 나머지는 어디지?

현우 볼보는 스웨덴, 네슬레는 스위스.

신기 땡, 틀렸어. 너희는 기업의 본사가 있는 나라를 말한 거야. 기업의 국적은 한국에서 세워져 그 곳에서 사업하면 한국 기업, 미국에서 사업하면 미국이지. 그래서 외국 기업이라도 한국에서 사업하면 국적은 한국이야. 이렇게 다른 나라에서도 사업을 하며 여러 국적을 가진 기업을 '다국적기업' 또는 '글로벌 기업'이라고 해.

쇼미 그럼 지금 우리가 햄버거를 먹고 있는 이곳 맥도날드의 국적은 독일? 그런데 다국적기업은 왜 생겨?

신기 기업을 경영하는 가장 큰 목적은 돈을 버는 일이야. 자기 나라에서 사업을 해서 돈을 잘 벌게 되면 다른 나라에 진출해서 더 많은 돈을 벌고 싶어져. 그래서 해외로 진출하여 사업을 벌이면 다국적기업이 되지. 또 기술보다 노동력이 우선인 제품을 생산하는 기업이 중국, 베트남, 인도네시아 등 임금이 싼 나라로 공장을 옮기는 것처럼 생산에 유리한 환경을 찾아 해외로 진출하는 경우도 있어.

무역장벽을 뛰어넘기 위한 목적도 있지. 자유무역의 흐름으로 예전에 비해 무역장벽이 낮아졌지만 완전히 사라진 건 아니거든. 이런 장벽에서 벗어나려고 현지에 공장을 세우고 물건을 만들어 파는 거야. 그리고 해외 시장의 변화에 빨리 대처할 수도 있는 장점도 있어. 현지에서 사업을 하면 그곳 사람들이 어떤 상품을 좋아하는지 정확하게 파악하고 취향에 딱 맞는 상품을 개발할 수 있으니까.

기업의 해외 진출은 사업을 벌이려는 나라에서 해외 투자를 받아들여야만 가능해. 예전에는 자기 나라 산업을 보호하기 위해 외국 기업이 직접 들어와 사업하는 걸 엄격하게 제한하는 나라들이 많았어. 그런데 자본시장이 개방되면서 기업의 해외 진출이 수월해져 다국적기업의 수는 엄청나게 늘어났지.

쇼미 WTO가 세계화의 감독이라면 다국적기업은 세계화의 주연 배우 같네.

현우 아까 예로 들었던 다국적기업을 보니까 본사가 미국에 있는 기업이 많네. 다국적기업의 본사를 가장 많이 가진 나라는 미국이야?

신기 맞아. 기업의 해외 진출은 1960년대 미국 기업들이 유럽으로 진출하면서 활기를 띠게 되었어. 뒤를 이어 유럽 국가들과 일본을 포함한 선진국 기업들은 경쟁적으로 다른 나라 시장에 뛰어들었지. 그래서 미국뿐만 아니라 일본, 영국, 독일, 프랑스, 캐나다, 스위스, 네덜란드도 다국적기업을 많이 가지고 있는 나라야.

쇼미 한국 기업 중에도 다국적기업이 있어?

신기 제법 많지. 한국 상품에 대한 선진국의 수입 규제가 심해지면서 1981년 금성사(현 LG전자)와 1982년 삼성전자를 시작으로 한국 대기업들은 무역장벽을 뛰어넘기 위해 활발하게 해외로 진출했어. 1990년대부터는 중소기업들이 임금이 싼 나라를 찾아서 해외로 진출하는 붐이 일어났고.

쇼미 기업이 살아야 나라가 산다던데, 다국적기업도 그 나라 경제 성장에 도움이 돼?

신기 다국적기업이 산업 시설이 별로 없는 나라에 공장을 세우고 세금도 내고 일자리도 만들어 주니까 도움이 되지. 산업화나 경제 발전에 필요한 자본이나 기술을 제공하는 역할도 하고. 한국은 경제 발전을 이루는 데 다국적기업의 덕을 봤다고 할 수 있어. 특별한 자본이나 기술력이 없던 경제 개발 초기에 다국적기업들이 한국에 공장을 세우고 기술도 가르쳐 주어 공업 발전을 이룰 수 있었고, 이들이 한국 제품의 우수성을 세계에 알려서 수출을 늘리는 데 도움을 주었으니까.

한국뿐만 아니라 중국과 동남아시아 국가들도 마찬가지야. 세계은행 보고서에 따르면 1990년 이 지역 인구의 62퍼센트는 절대 빈곤층(2011년 물가 기준으로 하루 1.90달러 미만으로 생활하는 사람)이었는데, 2019년 그 비율이 1퍼센트로 줄어들었어. 이런 결과를 이끌어 낸 경제 발전을 이루는 데 다국적기업이 한몫했다고 봐야지.

하지만 아직도 외국 기업의 진출을 싫어하는 나라도 있어. 힘이 약한 국내 기업들이 자본과 기술력을 가진 다국적기업과의 경쟁에서 밀리면 국내 기업들이 성장할 수 없으니까. 아프리카에서는 다국적기업이 경제 발전에 별 도움이 되지 못했어. 다국적기업들이 아프리카에서 원한 건 지하자원과 해양자원 또는 열대 농작물 같은 것들이야. 아프리카의 기업이 이를 직접 생산하여 수출하면 더 높은 값을 받을 텐데, 기

술과 자본이 없다 보니 대부분 헐값을 받고 자원을 개발할 권리를 넘겨 버려서 다국적기업의 주머니만 두둑해졌거든.

현우 아프리카 국가들도 세계은행이나 선진국에서 돈을 빌려서 직접 자원을 개발할 수 있었을 텐데.

신기 에티오피아를 제외한 모든 아프리카 나라들은 유럽 강대국들의 식민지였다가 1960년경에 독립했어. 정치적 독립은 이루었지만 아직도 그들을 지배했던 나라의 기업들이 이들 나라의 경제를 좌지우지하고 있어. 이런 다국적기업들이 자기들에게 이익이 되는 쪽으로 경제정책을 펼치도록 힘을 발휘했던 거야.

쇼미 안타깝다. 자기 나라에 유리한 경제정책을 찾아서 밀고 나갔으면 좋았을걸.

신기 아프리카의 경우처럼 선진국들이 요구하는 시장개방이 모든 개발도상국의 경제 발전에 도움이 되는 건 아니야. 한국은 경제개발 초기에 국내 사정에 맞게 국내 산업 보호와 자원 배분의 효율성을 중시하는 경제정책을 실시하며 경제 발전을 이루었어. 이런 경험을 가진 우리나라가 선진국과 개발도상국의 다리 역할을 하면서 개발도상국에 부당한 국제 경제 질서를 바로잡아 세계 경제 발전에 기여해야 한다고 주장한 경제학자도 있단다.

현우 다국적기업의 횡포라는 말이 들리는 걸 보면 못된 다국적기업도 있나 봐.

신기 기업의 사회적 책임이란 말을 들어 봤니? 기업의 경영은 법을 잘 지키고, 환경 보전이나 소비자 보호와 같은 가치를 존중하며 이루어져야 하고, 재해나 힘든 일이 생기면 앞장서서 지원하고, 어려운 이웃을 돕는 등 이윤의 일부를 사회에 돌려줄 책임이 있어. 이런 책임을 소홀히 하고 이윤이 생기면 그 나라에 다시 투자하지 않고 자기 나라로 가져가기만 하는 다국적기업들이 제법 있지.

쇼미 세계 경제 환경은 쉬지 않고 변하네. 언니, 앞으로는 어떻게 바뀔까? 한국에 유리한 쪽으로 바뀔까?

신기 유리하고 불리하고는 우리가 대처하기 나름이겠지.

현우 변화에 잘 대처하려면 우리의 강점과 약점을 먼저 알아야 할 것 같아. 이런 이야기를 좀 나누어 보면 어때?

신기 그러자.

8

상황에 따라 바뀌는 세계 경제 질서

EU를 떠난 영국

신기 여기가 유럽중앙은행(European Central Bank), 유로화를 발행하는 곳이지. 하이델베르크에서 많이 걸어서 다리 아프지? 내일 떠나야 해서 오늘 좀 무리하네. 잠시 앉아서 쉬어.

쇼미 유로화를 볼 때마다 궁금한 게 있었어. 대부분 지폐 앞면에는 인물 초상이 그려져 있잖아. 그런데 왜 유로화는 아니야?

신기 인물 초상을 넣기로 했다면 나라마다 서로 의견이 분분했을 테니까. 유로화 지폐 앞면 도안은 문이나 창문이 있는 건축물이고, 뒷면은 다리야. 문은 미래로 나아간다는 의미, 다리는 나라와 나라를 연결한다는 의미가 담겨 있지. 어떤 건축물이나 다리를 택하는가를 정할 때도 의견이 달라서 실제로 있는 건축물이나 다리를 넣지 않고 새로 그림을 그렸어.

현우 동전 디자인은 어떤지 궁금해지네. 지갑에 있는 동전 모두 보여 줘.

쇼미 어, 디자인이 아주 다양하다. 왜 그래?

신기 유로화를 사용하면서 예전 화폐는 사용할 수 없게 되잖아. 그래서 예전 화폐 도안이었던 자기 나라의 인물, 건축물, 자연경관에 대한 사랑을 담을 수 있도록 배려해서 그렇게 된

거야. 동전 뒷면 디자인은 같지만, 앞면은 12개의 별과 함께 나라마다 독자적인 도안을 택하게 했어. 그렇지만 어느 동전이든 모두 유로존에서 사용할 수 있지.

도안을 정할 때 화합하여 나아갈 새로운 비전을 제시하면서 서로의 전통과 문화를 존중했다는 게 느껴지지?

쇼미 그런데 2020년 영국은 EU를 떠나 버렸지. 출발은 이렇게 좋았는데, 왜 그런 일이 벌어졌지?

신기 세상 모든 일이 잘 흘러갈 때는 괜찮은데, 힘들면 작은 불만이 커지다가 빵 터져 버리는 일이 생겨. 모든 EU 회원국은 경제적으로 뭉치면 자기 나라에 이익이 될 거라고 판단했기 때문에 EU에 가입했어. 그런데 영국에서 EU 회원국으로 얻는 이익보다 손해가 더 크다고 느끼는 사람들이 많아져서 탈퇴한 거야. 유로존을 만들 때도 영국은 독자적인 통화정책을 버릴 수 없다고 유로화 사용을 채택하지 않았잖아. 처음부터 영국은 다른 EU 회원국과는 뭔가 달랐던 것 같아.

현우 그렇다고 어느 날 갑자기 탈퇴를 결정한 건 아닐 거고, 무슨 계기가 있었어?

신기 영국의 EU 탈퇴를 브렉시트(Brexit)라고 해. 영국(Britain)과 탈퇴(Exit)를 합친 말이지. 브렉시트는 2008년 세계 금융위기로 인해 EU의 재무상태가 나빠진 일이 계기가 되었어. EU에서 돈이 더 필요해져서 영국이 내야 할 분담금이 늘어나자

돈만 들어가고 이득은 별로 없는 EU에 계속 남을 이유가 없다는 여론이 영국에서 커졌지. 브렉시트를 원하는 정치인들은 EU 회원국의 노동시장이 하나가 되어 다른 나라 사람들에게 일자리를 빼앗겨 불만을 가졌던 사람들을 부추겼고. 2016년 브렉시트에 대한 찬반을 묻는 국민투표를 했는데, EU에서 탈퇴하자는 쪽으로 결론이 났어.

브렉시트의 방법을 결정하는 데도 국민들의 의견이 달라서 진통이 심했지. 1960년대 초반까지 경제규모와 무역에서 세계 2위 국가였던 영국은 2018년 경제규모는 5위, 무역은 8위로 밀려났어. 브렉시트로 계속 내리막을 걸었던 영국 경제가 되살아날지 아니면 돌이킬 수 없는 실수가 될지는 세월이 흘러야 알 수 있을 거야.

분명한 사실은 어느 나라든지 국제거래의 환경이 자기들에게 유리한 쪽으로 변하기를 원하고, 손해를 보게 되면 언제든지 이를 뒤집을 시도를 한다는 거야. 역사를 살펴보면 힘을 가진 선진국이 이런 시도를 하면 그들이 원하는 방향으로 환경이 바뀌었다는 걸 알 수 있어. 브레튼우즈 협정이나 우루과이라운드의 경우처럼 말이야.

쇼미 가장 강한 결속력을 가졌던 EU에서 자신들이 손해 본다고 판단하니까 영국이 탈퇴하는 것처럼, 시장개방이 자기들에게 오히려 불리하다고 느껴지는 선진국이 있으면 국제거래의 환경이 바뀔 수 있다는 거지?

현우 브렉시트의 계기가 2008년 금융위기였다고 했지? 2008년 금융위기는 뭐야?

신기 대체로 사람들은 자본시장 개방으로 선진국은 이득을 보았다고 생각해. 자본이 많은 나라는 다른 나라에서도 돈을 벌 수 있었으니까. 그런데 선진국도 자본시장 개방으로 인해 큰 홍역을 치르게 되었어. 그게 바로 2008년 금융위기야.

자본시장 개방으로 투자 영역이 넓어지자 선진국 금융기관들은 다양한 금융상품을 선보였어. 그 결과 금융을 감독하는 정부 기관이나 IMF조차도 파악할 수 없을 정도로 돈의 흐름이 복잡해졌어. 금융시장이 잘 돌아간다고 생각했는데 부동산 가격이 갑자기 떨어지면서 2008년 미국 4위의 투자은행인 리먼 브러더스가 파산해 버린 거야. 복잡한 금융상품이 얽히고설킨 결과였지.

이로 인해 미국에서 금융위기가 발생했고, 유럽에 투자했던 미국 자본이 빠져나가면서 위기는 유럽으로 번졌어. 이후 선진국뿐만 아니라 높은 성장률을 보였던 중국이나 인도 등 신흥국가들의 경제 성장률도 낮아져 세계 경제가 침체되었어. 아직도 경제 회복이 제대로 이루어지지 않고 있고 낮은 성장과 높은 실업은 세계적인 추세가 되어 버렸지.

시장개방으로 생길 수 있는 위험을 미리 챙기지 못했던 대가를 모든 나라가 치르고 있는 중이야.

쇼미 모든 나라가 경제 침체를 함께 겪은 걸 보니 세계가 하나인 건 틀림없나 봐.

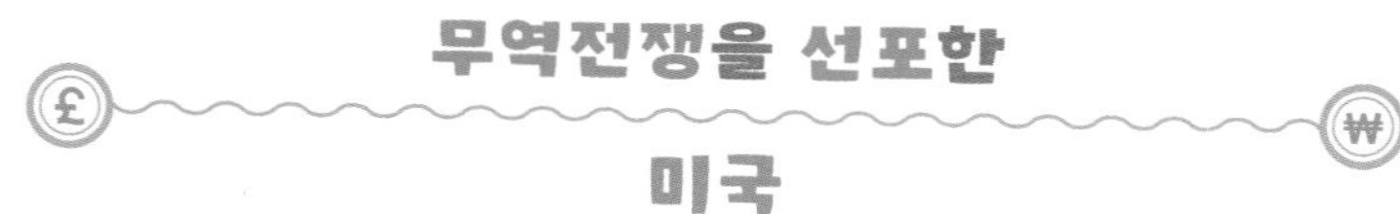

무역전쟁을 선포한 미국

신기 유럽중앙은행과 메세 프랑크푸르트(Messe Frankfurt)를 보니 프랑크푸르트를 왜 독일의 경제수도라고 하는지 알겠지?

현우 와, 사람이 엄청나게 많아.

신기 프랑크푸르트에서는 모터쇼와 도서전을 비롯해 문구선물용품전시회, 악기전시회, 조명음향전시회, 소비재전시회, 크리스마스용품전시회 등 유명한 국제전시회가 끊임없이 열려. 전시회 참가 기업의 60퍼센트는 해외 기업이고, 방문객의 약 30퍼센트가 외국인이야. 프랑크푸르트뿐 아니라 하노버, 라이프치히, 뮌헨 등 독일의 큰 도시에서도 국제전시회가 많이 열려서 세계 국제전시회의 약 70퍼센트가 독일에서 개최돼.

쇼미 지리적으로 유리해서?

신기 그렇다고 할 수 있지. 유럽 중심부에 위치해 있는 독일에서

는 12세기 중엽부터 독일뿐 아니라 이웃 나라 상인들도 참여하는 전시회가 열렸어. 이런 전시회는 1240년부터 국제적인 규모로 발전했지. 다음 코스인 뢰머 광장은 신성로마제국 황제의 보호를 받으며 상인들이 전시회를 열고 상품을 거래했던 곳이야. 독일 말로 전시회는 메세인데, 천주교 미사도 메세야. 초기 전시회가 가장 많은 사람들이 미사를 보는 교회의 축제 기간에 열려서 그런 거야.

현우 프랑크푸르트 모터쇼가 열린다고? 언제?

신기 찾아볼게. 홀수 년 9월 중순에 승용차 쇼가 열리네. 짝수 년 5

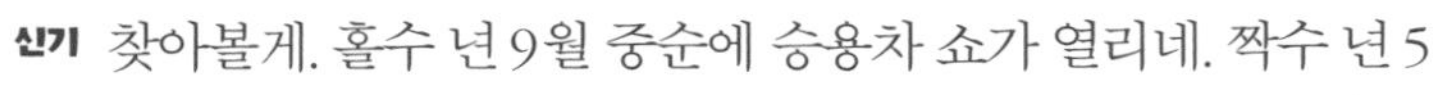

월 중순에는 하노버에서 상용차 쇼가 열리고.

현우 상용차는 아직 관심 없고, 난 승용차를 산다면 독일 차야. 가장 안전하다잖아.

쇼미 에이, 네가 차를 사려면 아직 멀었어. 그때는 한국 승용차가 제일 안전할 수도 있어.

신기 쇼미 말처럼 한국 자동차의 평판이 최고가 됐으면 좋겠다. 그나저나 미국이 자기 나라 자동차 산업을 살리기 위한 무역 전쟁을 벌이면 독일이나 한국이나 자동차 산업은 타격이 심할 텐데.

현우 요즘 무역전쟁이라는 말이 자주 들리는데, 왜 미국이 무역전쟁을 벌여?

신기 미국은 세계에서 경제 규모가 가장 크고, 기술이 발달했고, 자원이 풍부한 나라야. 미국이 앞장서서 자유무역을 주도하여 세계를 하나의 시장으로 만들었으니 수입보다 수출을 많이 할 것 같지?

소미 아니야?

신기 사실은 정반대야. 미국은 세계에서 수입을 가장 많이 하고, 수출보다 수입의 비중이 훨씬 커서 세계에서 무역적자가 가장 큰 나라야. 비싼 임금을 주고 미국 내에서 물건을 만드는 대신 값싼 물건들을 수입하는 게 유리해서 그렇게 된 거지. 저렴한 수입품에 밀려 가격경쟁력에서 뒤진 미국 공장들이 문을 닫자 일자리가 줄어들었어. 그래서 미국 내 일자리를 줄이는 경제정책에 대해 불만을 가진 사람들이 많아졌지. 이들의 지지를 얻기 위해 미국 우선주의(America First)를 내세워 당선된 트럼프 대통령은 취임하자마자 무역전쟁을 예고했지.

현우 미국의 무역적자가 세계에서 가장 크다니 의외다. 그럼 수출을 가장 많이 하는 나라는?

신기 바로 중국이야. 사회주의 국가였던 중국은 1981년 경제정책을 바꾸고 자본주의 국가들과 무역을 시작했어. 중국이 시장을 개방하자 값싼 노동력과 거대한 시장에 매력을 느낀 많은 외국 기업들이 중국으로 진출했지. 기술력은 선진국을 바싹 따라잡았고 임금수준은 선진국에 비해 낮아서 세계의 공장이 된 중국은 2009년부터 세계에서 가장 수출을 많이 하는 나라로 자리매김했어. 그리고 2010년 중국의 제조업 생산 규모는 미국을 제치고 세계 1위가 되었지.

2017년 미국은 중국에서 5040억 달러어치를 수입한 데 비해 중국은 미국에서 1300억 달러어치를 수입했어.

현우 미국이 화날 만했네. 무역전쟁을 총칼로 하는 건 아닐 테고, 어떻게 해?

신기 보호무역정책을 펴는 거지. 말하자면 중국 제품이 미국에서 경쟁력을 잃어버리도록 무역장벽을 치는 거야. 사실 미국의 대 중국 무역적자는 최근에 생긴 문제가 아니야. 2000년대부터 미국에서는 이를 문제 삼았고, 위안화 가치가 낮은 것에 불만을 갖다가 2005년에는 위안화 평가절상을 요구했어. 달러화에 대한 위안화 환율이 내려가면 중국의 대 미국 수출량이 줄어서 자신들의 무역적자가 줄어들 거라고 미국은 기대했거든. 하지만 미국의 대 중국 무역적자는 나아지지 않았어.

현우 환율이 무역전쟁에서 일종의 총칼이 되었던 거네.

신기 맞아. 환율전쟁으로는 무역적자를 해결할 수 없다고 판단한 트럼프 대통령은 2018년 7월 무역장벽 중 가장 쉽고 효과적

인 관세 부과라는 카드를 꺼냈어. 무턱대고 무역장벽을 치면 WTO가 내세우는 경제 질서에 위반되니까 공식적으로 중국을 비난하면서 말이야. 중국이 다른 나라의 기술을 훔쳐서 제조업을 성장시키고 있다, 다국적기업의 경영을 제한하는 제도를 만드는 등 공정한 국제거래 관행을 지키지 않고 있다, 그러니 이를 응징해야 한다, 라는 논리를 내세웠지.

쇼미 미국이 다른 나라를 상대로도 무역전쟁을 벌여?

신기 미국이 무역적자를 보고 있는 상대국은 중국만이 아니야. 무역전쟁을 벌일 상대는 EU 회원국과 일본은 물론 여러 다른 나라지. 트럼프 대통령은 수입차로 인해 미국의 자동차 산업이 쇠퇴하고 일자리가 감소했다고 계속 주장하고 있고, 수입자동차에 대해 최고 25퍼센트의 관세를 매길 수 있음을 내비치기도 했거든.

현우 국제거래 환경이 좀 달라지는 것 같은데, 한국은 괜찮을까?

신기 한국은 2020년 기준 무역의존도가 70퍼센트 정도야. 무역전쟁이 지속되면서 자유무역에서 보호무역 쪽으로 분위기가 바뀌면 수출에 어려움이 생길 수밖에 없어.

쇼미 앞으로의 변화가 우리에게 불리할 수 있다는 거네.

현우 영국은 자기네들이 손해라고 EU에서 탈퇴한다고 하고, 미국은 자유무역을 외쳤다가 무역적자가 커지니까 보호무역으로 분위기를 바꾸고. 자기 입맛에 따라 다들 다르게 행동하네. 마음에 안 들어.

신기 미국과 영국만 탓할 순 없어. 아마도 중국이 미국의 입장이라면 무역전쟁의 수위를 더 높였을걸. 아무튼 자유로운 국제거래가 조금 후퇴하는 쪽으로 세계 경제 상황이 바뀔 순 있지만 우루과이라운드 이전의 상황으로 돌아가는 일은 단연코 없을 거라고 봐.

한국, 원조를 받는 나라에서 주는 나라로

현우 아이젤너 다리(Eiserner Steg)를 건너니까 분위기가 달라졌어.

신기 프랑크푸르트로 여행 온 사람들 대부분이 이 다리를 걸어서 건너 마인강(Main River)을 따라 박물관들이 줄지어 있는 거리를 산책할 거야. 시간이 없어서 박물관의 소장품들을 보지 못하는 게 아쉬워.

쇼미 대신 유럽중앙은행과 메세 프랑크푸르트를 갔잖아. 그런 곳을 보면서 국제거래에 대해 조금이나마 알게 된 건 정말 뜻깊은 일이었어.

신기 작은 공원이 있네. 잠시 쉬어 갈까?

현우 좋다! 한 곳이라도 더 경제 현장을 보여 주려고 애쓴 누나에겐 미안한 말이지만 난 암스테르담 본델 공원이 제일 인상적이었어. 잔디밭에 앉아 있거나 누워 있는 사람, 숲길을 열심히 달리는 사람, 모두 표정이 밝았거든. 퇴근 후 자기 시간을 즐기는 모습에서 당당하고 여유 있게 산다는 게 느껴지더라고.

마인강을 가로지르는 아이젤너 다리를 건너면
슈테델 미술관, 영화박물관, 건축박물관을 비롯해 30개가 넘는 박물관들이
줄지어 있는 프랑크푸르트 박물관 거리로 갈 수 있다.

신기 어머, 현우야. 나도 당당하고 여유 있게 살고 싶어. 벌써 그런 걸 느꼈다니 널 스승으로 모셔야겠는걸.

현우 쑥스럽게 왜 그래. 누나는 나의 영원한 경제 선생님이라고요. 빨리 이야기를 돌려야지. 국제거래의 영역이 상품에서 서비스와 자본까지 넓어졌다고 하지만 그래도 가장 중요한 건 상

품 거래지?

신기 나라마다 산업 구조가 다르니까 차이가 있겠지만 한국으로서는 상품 거래가 가장 중요하지. 2020년 한국의 국내총생산은 세계 10위인데, 무역량은 약 1조 달러로 전 세계 무역량의 2.8퍼센트를 차지했어. 수출은 전체의 2.9퍼센트인 5125억 달러로 세계 6위, 수입은 전체의 2.7퍼센트인 4676억 달러로 세계 9위였단다. 한국의 공업화가 시작된 시기가 1960년대였음에도 불구하고 우리 경제가 이 정도로 성장했으니 대단하지. 이런 경제 성장은 수출을 발판으로 이루어졌으니 한국은 자유무역의 혜택을 많이 봤다고 할 수 있어.

쇼미 각국은 비교우위에 있는 제품을 수출한다고 했으니까 산업이 발달하면서 한국의 수출 품목도 변했겠지?

신기 물론이지. 1970년 한국의 5대 주요 수출 품목은 섬유류, 합판, 가발, 철광석, 전자제품이야. 이걸 보면 우리나라가 아직 공업 기술이 발달한 수준이 아니었어. 경제 성장의 초기 단계였으니까. 제3차 경제개발 5개년계획 기간(1972~1976년)부터 철강과 기계, 조선 등의 중공업이 우리 경제를 성장시키는 주요 산업이 되었어. 1970년대 초 40퍼센트 미만이었던 중화학공업화 비율이 1979년도 말에는 50퍼센트 이상이 되었고, 주요 수출 품목도 바뀌게 되었지. 덕분에 한국은 1977년 수출 100억 달러, 1인당 국민소득 1000달러의 시대를 맞이하게 되었단다.

중화학공업화정책은 처음부터 세계 시장을 노리고 생산시설 규모를 키웠고 품질과 가격경쟁력도 세계 일류 수준을 목표로 했어. 이런 정책이 성공을 거두어 한국은 비약적인 경제 성장을 하게 된 거야. 1990년대 주요 수출 품목은 의류, 반도체, 가죽 신발, 선박, 영상기기였는데, 2010년 주요 수출 품목은 반도체, 선박, 유무선 전화기, 석유제품, 승용차인 걸 보면 산업 구조의 변화에 따라 수출 품목이 부가가치가 더욱 높은 품목으로 바뀐 걸 알 수 있어.

현우 뭐니 뭐니 해도 한국의 효자 수출 상품은 반도체라고 들었어.

신기 1990년대 한국은 세계 3대 반도체 강국이 되었고, 반도체는 1992년부터 거의 수출 1위 품목으로 자리매김한 수출 효자 상품이야. 중화학공업이나 전자 산업은 경쟁력을 키우려고 정부가 앞장서서 키웠던 산업이었지만 반도체 산업은 미래를 내다보는 민간기업의 과감한 투자로 자리 잡게 되었어.

쇼미 최근의 주요 수출입 품목이나 전체 수출액과 수입액은 어디서 찾을 수 있어?

신기 한국무역협회 홈페이지(http://stat.kita.net/main.screen)로 들어가 한국무역통계를 클릭하면 네가 찾아보고 싶은 정보가 나와 있을 거야.

현우 음, 최근(2020년 기준) 주요 수입 품목은 원유, 반도체, 천연가

스, 반도체 제조용 장비였네. 다른 건 많이 수입한 이유를 알겠는데 왜 반도체를 많이 수입했지?

신기 반도체는 정보를 저장할 수 있는 반도체인 메모리와, 컴퓨터나 전자제품을 작동시키는 두뇌 역할을 하는 비메모리 부문으로 나뉘어. 한국이 세계 최고의 기술력을 자랑하는 D램은 메모리 반도체이고, 비메모리의 대표 품목은 마이크로프로세서야. 한국은 반도체 시장의 30퍼센트 정도를 차지하는 메모리 부문에서는 세계 1위이지만 비메모리 분야는 미국이나 일본에 비해 기술력이 뒤떨어졌어. 그래서 비메모리가 들어가는 전자제품을 많이 생산하려면 이를 수입해야 해.

쇼미 그렇구나.

현우 한국 수출은 너무 반도체에 치우쳤다고 하던데.

신기 새겨들어야 하는 말이야. 반도체에 대한 수출의존도가 너무 크면 세계 반도체 시장이 나빠질 때 한국 경제는 타격을 받을 수밖에 없거든. 2008년 세계 경제위기로 인한 유로존의 경기 침체에도 불구하고 독일 경제는 잘 버텼어. 한국 사람들은 경쟁력을 키우려면 우선 덩치를 키워야만 한다고 생각하는 경향이 있는데, 독일의 기업 구조를 보면 히든 챔피언의 활약이 두드러져.

히든 챔피언은 사람들에게 잘 알려져 있지 않아도 자기 분야에서 세계 시장을 지배하는 작지만 강한 기업을 가리키는 말이지. 히든 챔피언은 연 수익 40억 달러 이하, 분야별 세계 시장 순위 3위 이내 또는 대륙별 시장 순위 1위라는 조건을 갖춘 기업이야. 전 세계 2700여 개의 히든 챔피언 중 독일 기업은 1300여 개나 되고, 이들이 독일 수출의 50퍼센트가량을 차지하고 있어. 이런 수출 구조를 가지고 있으니까 독일은 특정 품목의 시장 변화로 인한 위험이 한국보다 훨씬 작은 편이지.

쇼미 앞으로 국제거래 환경이 한국에 불리하게 변할 수도 있고 산업 구조도 문제가 있다면, 어쩌지?

신기 그럴수록 자신감을 가져야지. 선배 기자에게 들었던 이야기를 해 줄까? 2011년 프랑스에서 열렸던 G20 정상회의에서 정보기술 기업의 대명사 마이크로소프트의 창업자였던 빌 게이츠는 자신이 작성한 개발원조보고서를 회의에 참석한 정상들에게 직접 설명할 기회를 가졌대. 그는 기자회견 중에 G20 정상회의장에서 민간인이 20분이나 이야기하기는 처음이었다는 말을 하며 아주 즐거워했단다. 그리고 "한국은 많은 원조를 받는 나라에서 상당한 원조를 주는 나라로 변신한 유일한 예로, 내가 자주 소개한다"라고 말했대. 선배는 빌 게이츠의 이야기를 들으면서 감격했다고 했어.

현우 빌 게이츠처럼 대단한 사람이 한국의 경제 발전을 칭찬했다고!

신기 밖에서는 대단하다지만 정작 우리는 자신감을 갖지 못하는 게 현실이야. 한국은 50년 넘게 성장 제일의 경제정책이 실시되어서 다른 나라에 비해 경제 성장을 중시하는 분위기가 강한 편이야. 그런데 1인당 국민소득은 선진국 수준에 도달하지 못했고, 소득의 양극화를 줄이는 사회보장제도는 미흡한 상황에서 성장이 둔화되자 절망감을 느끼는 거지.

한국은 정말 어려운 상황에 놓여 있어. 기업, 노동자, 전체 사회의 복지 조성이라는 세 꼭짓점이 균형을 가지고 안정된 삼각형을 만드는 숙제를 풀어야 하지. 경영에 대한 규제가 심하거나 노동 생산성이 떨어져 기업이 이윤을 낼 수 없다면 어떻게 될까? 기업들은 문을 닫거나 이윤을 낼 수 있는 다른 나라로 투자처를 옮기게 되어 일자리를 잃는 사람들이 생길 거야. 그러니까 기업 측면에서는 활발한 투자를 할 수 있고 그로 인해 전체 사회에 기여할 수 있는 이윤 창출의 환경을 만드는 일이 매우 중요하지. 하지만 기업은 기업 그 자체로 존재하지 않지? 생산의 아주 중요한 요소인 노동을 담당하는 노동자가 안정

된 환경에서 적절한 보상을 받으며 일할 수 있는 여건을 만드는 일은 노동자만을 위한 것이 아니라 기업을 살리고 궁극적으로 사회 전체의 지속가능성을 갖기 위해 아주 중요해. 일부 다국적기업이 높은 이윤 창출에도 불구하고 자신들의 이익만을 챙기고 그 이익을 사회에 환원하거나 그곳에서 일하는 노동자들의 처우에 신경 쓰지 않기 때문에 비난을 받고 있다는 아까의 이야기를 떠올려 보면 왜 기업과 노동자가 함께 중요한지 알 수 있을 거야.

그리고 마지막으로 사회 전체의 복지. 강조하지만 경제가 양적으로 성장하는 것은 지금의 경제 상황에서는 더 이상 가장 이상적인 목표가 될 수 없어. 생산을 확장하는 방식으로 경제 성장을 이룩하는 일이 일정한 자원과 한계가 있는 소비 패턴을 고려했을 때 지속가능한 경제정책이 될 수 없다는 데 동의하는 사람들이 많아. 지금 중요한 것은

이렇게 쌓은 경제적 부가 일부 나라와 일부 계층에게 지나치게 쏠려서 전체 사회가 불균형한 상태에 빠지는 것을 막는 일이야. 모두가 적절하게 그 부를 나누어서 균형 있는 건강한 사회로 전환해야 하는 거지. 그 전환의 방식이 하나일 수는 없고 그 나라의 경제적 여건, 정치·사회 시스템, 문화적 분위기를 모두 종합적으로 고려해서 적절하게 찾아가는 현명함을 나라마다 갖춰야 하겠지.

이런 삼박자를 맞추기 위해 정부는 정부대로 기업은 기업대로 국민은 국민대로 모두를 위한 경제정책을 고민해야 할 때야. 때론 그것이 지금 당장 자신의 살을 깎는 어려움이 될 수도 있겠지만 지금이 아니라 앞으로, 나만이 아니라 사회 전체를 위한 길이라면 모두가 한 걸음씩 양보할 수 있는 용기를 가져야 할 거야.

쇼미 언니가 이렇게 열정적으로 말하는 것 처음 봐.

현우 지금까지 환율, 통화, 무역, 국제거래 이런 머리 아픈 공부를 하면서 솔직히 뭐하러 이런 공부를 하나 하는 마음이 들었었는데, 누나의 지금 말을 들으니 이런 어려운 공부가 결국 무엇을 위해서였는지 조금은 알 것 같아.

신기 너희들이 그렇게 말해 주니 마음에 위로가 된다. 내가 너무 말이 길었나, 벌써 꼰대가 된 건 아닌가 싶었거든.

2008년 경제 위기 전에는 선진국들은 세계화나 시장개방을 비판하는 말을 무시했어. 그런데 경제 침체가 계속되자 신자유주의 이론을 바탕으로 만들어진 세계 경제 질서의 문제점을 논하며 경제 성장이나 효율성보다 불평등 해소와 같은 다른 가치를 추구하자는 주장들이 호응을 얻고 있지. 역사가 말해 주듯이 경제에서 계속되는 정답은 없어. 항상 변화되는 상황에 맞춰 경제문제를 새로운 시각으로 바라보고 협력해서 풀어 갈 방안을 찾아야 하는 거지.

쇼미 팔이 하나뿐인 경제학자가 자기 곁에 있으면 좋겠다고 한 트루먼 대통령의 마음이 갑자기 너무 이해가 된다. 난 이번 여행을 하면서 모두를 위해 필요한 경제이론을 연구하는 경제학자가 되고 싶다는 생각이 굳어졌어.

현우 맛집을 찾아다니며 내 미식 세계를 넓히려고 동행한 여행이었는데, 누나 덕에 나도 맛집 찾기보다 더 중요한 걸 찾아보고 싶은 욕심이 생겼어.

신기 와, 너무 대견한 동생들인걸. 너희가 같이 여행 간다고 했을 때 걱정도 있었는데 둘 다 훌쩍 큰 것 같아 다행이다. 어려운 국제경제 공부를 하느라 지칠 법도 한데 끝까지 잘 따라와 줘서 나도 고마워.

아쉽지만 여기서 여정은 끝내고, 호스텔에 맡겨 둔 짐을 찾고 바로 중앙역으로 가서 공항행 열차를 타자.

집으로 돌아오는 길

집으로 돌아가는 비행기를 타기 전에는 늘 여행 중 찍은 사진을 보게 돼. 아직 여행이 끝난 건 아닌데 사진 속에 담긴 여행의 순간순간들은 꽤 오래전에 겪었던 일처럼 느껴져. 여행하는 동안 국제거래와 환율에 대해 많은 이야기를 했는데, 현우와 쇼미는 얼마나 기억하고 있는지 모르겠다. 내가 사진을 보면서 여행의 순간들을 떠올려 보듯이 너도 큰 흐름만 다시 짚어 보면서 국제거래와 환율에 대한 내용을 떠올려 볼래?

우리가 사용하는 많은 수입품들은 상품의 국제거래를 통해 들여온 거야. 나라마다 사용하는 통화가 각기 다르고, 다른 나라에서 상품을 수입할 때는 국제거래의 결제수단으로 주로 사용되는 통화(기축통화)로 지급하지. 외환 거래에서 중요한 것은 통화와 통화끼리의 교환비율인 환율인데, 외환시장에서 결정되는 환율은 외환의 수요와 공급에 따라 수시로 변해. 통화 가치와 환율은 반대로 움직이고, 한 나라가 환율을 올려 통화 가치를 떨어뜨리면 그 나라 수출 상품의 가격경쟁력은 높아지지.

국제거래는 소비자들의 만족도를 높이고 자원 이용의 효율성을 높인다는 장점이 있어. 이런 점을 강조하며 선진국들은 국

제거래를 상품 거래에서 서비스와 자본 거래까지로 확대하고자 했어. 정보기술혁명과 신자유주의 사상으로 모든 나라가 시장개방을 받아들일 환경이 만들어졌고, WTO는 이를 앞장서서 추진했지. 각 나라들이 FTA 협정을 통해 무역장벽을 낮추는 시도도 활발하게 진행되었고. 그 결과 세계가 하나의 시장이 되는 세계화가 이루어지고 다국적기업들의 활동무대도 넓어졌어.

다국적기업은 후진국에 일자리를 만들고 기술 발전을 돕는 역할을 했지만 지나치게 자기 이윤만을 챙긴다는 비난도 받고 있어. 하나가 된 시장에서 선진국의 경제적 힘은 더 막강해져서 선진국과 후진국의 경제력의 차이는 더 벌어졌지. 최근에는 자기 나라의 이익을 최우선으로 하는 경향이 높아지면서 경제통합의 결속력이 약해지고 무역전쟁을 벌이는 등 반세계화의 움직임도 일어나고 있어.

어때, 잊은 것 같았던 이야기들이 다시 떠오르니? 수치나 연도 등이 들어가는 이야기를 들을 때 내 머리가 컴퓨터라고 생각했다고? 하하, 그건 포스트잇 메모지 덕분이야. 여행 계획을 세우며 알게 된 정보들을 포스트잇 메모지에 적어 여행안내서에 붙여 두었거든.

포스트잇이 3M 제품이란 걸 알 거야. 포스트잇, 스카치테이프, 넥스케어 제품뿐만 아니라 3M은 '과학, 생활에 적용되다(Science, Applied to Life)'라는 모토에 어울리는 수천 가지 제품을 생산하고 있어. 3M의 역사는 1902년에 세워진 미네소타 광공업 주식회사(Minnesota Mining and Manufacturing Company)에서 시작되었으니 100년이 넘는 장수 기업이지. 처음에는 광공업에 종사했지만 사업 초기에 자기들이 캐낸 광물질의 질이 떨어져 경쟁력이 없음을 깨달았던 경영진은 1905년 천이나 종이에 보드라운 가루를 발라서 녹을 닦거나 표면을 매끄럽게 문지를 때 사용하는 샌드페이퍼(사포) 생산으로 눈을 돌렸어. 이후 일상생활을 더 편리하게 해 주는 아이디어 제품에 관심을 가지고 1925년 스카치테이프를 시작으로 다양한 제품을 개발했지.

한국 3M에서 무료로 진행하는 청소년 사이언스 캠프에 참가했던 친구가 잔뜩 자랑을 늘어놓았다고? 과학을 좋아하는 청소년들이 가장 참가하고 싶은 캠프라니까 정말 좋았겠지. 한국

3M에서 일하는 내 친구는 도전과 혁신을 장려하는 분위기를 자랑해. 3M이 1920년부터 시행 중인 '15퍼센트 규칙'은 신선한 기업 경영 사례로 알려져 있어. 연구원은 근무시간의 15퍼센트까지

를 자신이 흥미를 느끼는 연구에 사용해도 좋다는 제도야.

하나가 된 세계 시장에서 가장 중요한 건 경쟁력을 갖추는 거라고 모두가 입을 모아 말해. 그리고 국가의 경쟁력은 그 나라 기업에서 나오고, 기업의 경쟁력은 그곳에서 일하는 사람들이 만들어 낸다고 하지. 경쟁력을 갖춘다는 게 누구를 이겨서 내가 가진 걸 늘리는 건 아니라고 봐. 그건 세상의 부는 일정하므로 국가가 부강해지려면 강제로라도 다른 나라의 부를 빼앗아야 한다고 했던 잘못된 경제이론과 같은 거잖아. 양적인 성장을 강조해서 경쟁력을 갖추기보다 질적인 성장이 최고의 경쟁력이 되는 방법을 고민해야 하지 않을까. 3M이 만든 소소한 제품들을 보면 변화에 맞추어 끊임없이 변신하려고 노력하지만 언제나 따뜻한 마음을 잃지 않는 사람들이 개발했다는 걸 느껴. 이런 기업 문화가 바로 3M의 경쟁력일 거야.

난 당당하고 여유 있게 사는 사람이 되려면 어떤 능력과 자질을 갖추어야 하고, 그걸 갖추려면 어떻게 해야 할까를 다시 생각해 보려고 해. 너도 그런 걸 한번 생각해 볼래?